THE ESSENTIALS OF THEORY U

Core Principles and Applications

U型理論精要

從「我」到「我們」的系統思考，
個人修練、組織轉型的學習之旅

著──奧圖・夏默
C. Otto Scharmer

譯──戴至中

The Essentials of Theory U: Core Principles and Applications
by C. Otto Scharmer
Copyright © 2017 by C. Otto Scharmer
Chinese(in complex character only) translation copyright © 2019 by EcoTrend Publications,
a division of Cite Publishing Ltd.
Copyright licensed by Berrett-Koehler Publishers through Andrew Nurnberg Associations
International Limited.
ALL RIGHTS RESERVED.

經營管理 154

U型理論精要：
從「我」到「我們」的系統思考，
個人修練、組織轉型的學習之旅

作　　　者	奧圖・夏默（C. Otto Scharmer）
譯　　　者	戴至中
審　　　稿	吳杏杏（Jorie Wu）、李珮玉（Jayce Lee）
企畫選書人	文及元
責 任 編 輯	文及元
行 銷 業 務	劉順眾、顏宏紋、李君宜

總　編　輯	林博華
發　行　人	涂玉雲
出　　　版	經濟新潮社
	104台北市中山區民生東路二段141號5樓
	電話：(02) 2500-7696　傳真：(02) 2500-1955
	經濟新潮社部落格：http://ecocite.pixnet.net
發　　　行	英屬蓋曼群島商家庭傳媒股份有限公司城邦分公司
	104台北市中山區民生東路二段141號11樓
	客服服務專線：02-25007718；25007719
	24小時傳真專線：02-25001990；25001991
	服務時間：週一至週五上午09:30~12:00；下午13:30~17:00
	劃撥帳號：19863813　戶名：書虫股份有限公司
	讀者服務信箱：service@readingclub.com.tw
香港發行所	城邦（香港）出版集團有限公司
	香港灣仔駱克道193號東超商業中心1樓
	電話：(852) 25086231　傳真：(852) 25789337
	E-mail: hkcite@biznetvigator.com
馬新發行所	城邦（馬新）出版集團 Cite (M) Sdn Bhd
	41, Jalan Radin Anum, Bandar Baru Sri Petaling,
	57000 Kuala Lumpur, Malaysia.
	電話：(603) 90578822　傳真：(603) 90576622
	E-mail: cite@cite.com.my
印　　　刷	漾格科技股份有限公司
初 版 一 刷	2019年3月5日
初 版 三 刷	2021年3月18日

城邦讀書花園
www.cite.com.tw

ISBN：978-986-97086-3-0

定價：450元
Printed in Taiwan

〈出版緣起〉
我們在商業性、全球化的世界中生活

經濟新潮社編輯部

　　跨入二十一世紀，放眼這個世界，不能不感到這是「全球化」及「商業力量無遠弗屆」的時代。隨著資訊科技的進步、網路的普及，我們可以輕鬆地和認識或不認識的朋友交流；同時，企業巨人在我們日常生活中所扮演的角色，也是日益重要，甚至不可或缺。

　　在這樣的背景下，我們可以說，無論是企業或個人，都面臨了巨大的挑戰與無限的機會。

　　本著「以人為本位，在商業性、全球化的世界中生活」為宗旨，我們成立了「經濟新潮社」，以探索未來的經營管理、經濟趨勢、投資理財為目標，使讀者能更快掌握時代的脈動，抓住最新的趨勢，並在全球化的世界裏，過更人性的生活。

　　之所以選擇「經營管理—經濟趨勢—投資理財」為主要目標，其實包含了我們的關注：「經營管理」是企業體（或

非營利組織）的成長與永續之道；「投資理財」是個人的安身之道；而「經濟趨勢」則是會影響這兩者的變數。綜合來看，可以涵蓋我們所關注的「個人生活」和「組織生活」這兩個面向。

這也可以說明我們命名為「**經濟新潮**」的緣由——因為經濟狀況變化萬千，最終還是群眾心理的反映，離不開「人」的因素；這也是我們「以人為本位」的初衷。

手機廣告裏有一句名言：「科技始終來自人性。」我們倒期待「商業始終來自人性」，並努力在往後的編輯與出版的過程中實踐。

U型理論，一場心、意、念的對話
生成未來的旅程

文／吳咨杏（Jorie Wu, CPF）

　　不曉得正在閱讀這篇文章的你，是否曾經自問：「我是誰？我這一生要做什麼？」

　　如果你是組織或企業的領導者，可能也曾自問：「我們是誰？我們現在做的事情能否對社會發揮正面的影響力？」

　　這些問題的答案，正好就在本書中，作者提供我們許多關於U型理論的框架、案例、工具與實作，幫助我們找尋這些的解答。

U型理論，一場心靈、意志與思維的旅程

　　我和U型理論結緣，最早是在二〇一一年，我們朝邦基金會辦了一天課程，由顏克莉董事（Keli Yen）以及薛喬仁博士（Joe Hsueh, Ph.D）分享U型理論的基本概念，開啟不少從事組織變革的專業者對於U型理論的好奇，也埋下我對

U型理論的探索種子。

二〇一五年，我選修U型理論線上課程。

二〇一七年，我再度選修U型理論線上課程，並在黃卉莉教練（Vicky）的發起之下，和視覺引導師李珮玉（Jayce）、俞雲眉教練（Jessica），與社會影響力製造所（Impact Hub-Taipei）合辦為期十三個星期的線下學習。

二〇一八年五月，我以助教團成員之名，參加本書作者奧圖・夏默（C. Otto Scharmer）在杭州舉辦的PFP（Presencing Foundation Program；自然流現基礎課程，是自然流現研究院〔Presencing Institute，PI〕的經典基礎課程），有機會親炙作者風采。

在PFP，令我印象深刻的有三件事情。

首先，作者奧圖講課生動，將U型理論與最新的時事勾連，讓我體悟到知識是活的，要不斷地觀察、驗證與更新，而不只是知道框架。奧圖謙稱U型理論並不是新的，他只是整理、參透與實作；他一再呼籲「知識貴在實作」，這是讓我非常佩服作者的地方。

作者讓我折服的地方，還有他非常有組織、有架構、有方法地呈現出「格物、致知、誠意、正心、修身、齊家、治國、平天下」的歷程。奧圖運用慕課（Massive Open Online Course，MOOC）線上學習平台以及線下學習聚落，企圖造成遍及「天下」的影響力。

其次是PFP中安排的同理心對話散步，這是在團體中找一個不認識的人，透過聆聽和對話進入對方的人生。其實難度很高，讓我體悟到聆聽與對話之前要打開思維、打開心靈，才能超越「已知」聆聽與對話。

此外，教練圈以及社會大劇院（Social Presencing Theater，SPT）幫助我意識到，學習和打開既有的思維與心靈，需要循序漸進的鋪陳與不同的學習模式，也就是先有充裕的時間，把每個人的內在先打開，準備好之後，再進入其後的體驗（社會大劇院）。

我記得在小組中，我問組員一個問題：「我要怎麼知道，我的基金會現在所做的事情對社會具有影響力？」

組員可以透過他們的肢體表現、圖像或文字來回答，其中一位組員說，她的腦海中浮現了一個畫面，是月亮與太陽升起的情景，她說：

「月亮不會因為路燈點了多少決定要不要出來，太陽也不會問溫度幾度決定要不要升起。」

這個回答，讓我確定不能只靠自己過去知道的事情學習，而是向未知學習，透過聆聽和對話，向我的組員、自己的身體智慧以及內在學習。

領導力，從願意探索內心開始

接觸U型理論之前，我已經在引導專業上走了十年。在

成為引導師之前，我的專業是以語言治療專家的身分，協助先天有溝通障礙的人，重新學習溝通，行使身而為人的溝通基本權。

接觸引導以及U型理論之後，我是以引導者（facilitator）的角色，幫助團隊營造社會場域，讓參與者可以放心在其中打開自己，進而聆聽，檢視自己的思維、對話而產生他們渴望的行動和結果。

從專家到引導者，對我的人生是一個很大的翻轉。

專家偏向「下載」知識與方法，引導者偏向「營造社會場域」讓團隊智慧浮現，自己找答案。U型理論提到如何運用聆聽與談話的四層次（從下載模式到生成模式），思維操作系統四版本，對於引導者而言，對於營造社會場域都是很好的方法。

U型理論中，提到的聆聽與對話是用「心」進行而不是用「腦」，前提是把自己的心打開，這樣才能打開耳朵，接收來自對方的訊息。打開心（心靈），打開腦（思維）聆聽與對話，是建構社會場域的基礎。耕耘「社會場域」，正是朝邦基金會的宗旨——「推動對話力，促進社會正向變革」。書中有關「建構容器與社會場域的生成」，對我有很深的啟發與提醒。

後來，我用這個概念來做流程設計的架構，讓聆聽和對話可以更深入，從中也發現，原來把自己的心和耳朵打開、

聆聽別人說話是這麼困難的事情。我們可以從生活中養成聆聽和對話的習慣，磨練「以我為器」的態度與尊重團隊智慧的度量，這也是培養領導力的過程。

向湧現的未來學習

我初次接觸U型理論時，感到有點熟悉，這五個運動（共同啟動、共同感知、共同自然浮現、共同創造和共同塑造）跟我們講策略規畫、組織變革的邏輯一致。然而，也同時感到很新鮮，因為一般的策略流程在「自然流現」（presencing）不會停很久，我有點驚訝，U型理論會在自然流現沉潛這麼久。

另外不同的是，奧圖建議共同感知要把生態系統的所有利益相關人（stakeholders）都納入，才能從自我走到生態大我，這是我自己工作中比較做不到的地方。

前一陣子，我應用U型理論，協助一個歷史悠久的非營利組織（Not-for-Profit Organization，NPO）進行共識工作坊，這個非營利組織面臨的挑戰是「過去很成功，但是不確定現在照著過去做，是否依然能夠發揮優勢符合社會需求。」甚至也察覺到過去他們能做的事情，現在別人也在做。

我在引導的流程中，很直覺地應用到「自然流現」的提問，也就是「我們是誰」。可惜當時我能從旁協助的是一天共識營對話，協助團隊連結「我們是誰」「社會需要我們做

什麼」，接下來的工作，由他們的董事會再聚焦與持續探索。

　　從這些經驗中，我深刻感覺到組織轉型的覺察與推動，是很不容易的事情。需要願意探索內心的領導者，自我覺察到組織確實面臨挑戰，並且有勇氣面對劇烈的變化，才能順利地推動組織轉型。

領導力，是願意做一個「真正」的人

　　本書中，提到關於分散式組織的放權過程，這種狀態之下，人人都能做好自我管理，也能和他人合作，每個人都可以是領導者。

　　身為領導者，必須從內心狀態就要準備好，書中對於領導力的定義是願意做一個真正的人，也就是願意探索內心、也願意把自己打開聆聽與對話的人。聆聽與對話應該是領導者必備的基本能力。

　　這讓我想到，帶領彼得・聖吉（Peter Senge）探索生態與心靈的約翰・密爾頓（John P. Milton）曾說：「生態世界觀的下一個起點，都在內心探索。」

　　其實，探索內心就是自然流現的過程，也是組織尋求轉型變革的解方。如果你是組織或企業的領導者，可以看看本書中的這些內容，想想看如何落實在組織或企業，一方面因應自組織（self-organization）興起，另一方面也能吸引年輕人來工作。

　　談到年輕人，我想提一下我們朝邦基金會曾在二〇一七年進行u.lab線下學習聚落，成員中有一半是年輕人（大學生或社會新鮮人），他們在為期十三個星期的U歷程中，培養了更有覺知的聆聽、對話、同理能力，甚至對於「我是誰？」「我的一生要做什麼？」有更清楚的看見。課程後，有四位年輕人成立陽光焙客工作小組（王亭蓉、陳俊達、謝璿、張家峰；由我以及陳淑芬當業師）在台北市的天母名山里社區，運用U型理論進行青銀共學「U型人生設計課程」，反應很好。

　　關於如何閱讀這本書，我的建議是，這本書是U型理論的精華，讀過之後，可以在線上學習、線下交流。上網看u.lab的課程，然後找人組成線下互動學習小組（hub），打造彼此支持學習的容器，串起社會場域。如果沒有線下小組，書中也有自我覺察的方法，養成正念、聆聽的習慣，提升自己整體的覺知。如果你已經找到這一生想做的事，恭喜你，不妨找五個人共同啟動你想做的事，就能發揮影響力。

　　無論你身處摸索人生的階段，還是功成名就的巔峰，每個人都是系統的一部分，從我到我們，從小我到大我，從自我（ego-system）本位到生態（eco-system）本位，人人都要自問：「我還能做些什麼來因應變化？」而答案，就在本書中。奧圖經常勸人要自己先實踐U的歷程，才有能力協助別人和團體走過U的歷程。我鼓勵讀者們先從自己的U體驗開

始！

本文作者為朝邦文教基金會執行長、國際認證引導師暨評審
（IAF-CPF/Assessor）*、文化事業學會認證引導師／培訓師暨
評審（ICA-ToP Facilitator/Trainer/Assessor）**；美國紐約州立大
學水牛城分校語言病理學碩士。
Jorie致力於運用對話及團隊引導的方法與精神，協助組織及
社群正向變革。她所帶領的朝邦文教基金會，獲得二〇一六
年全球引導影響力金牌獎。

---

* 　IAF：International Association of Facilitators
　 CPF：Certified Professional Facilitator
** ICA：Institute of Cultural Affairs
　 ToP：Technology of Participation

【推薦序二】

U型理論，一場探索自我與大我的喚醒之旅

文／李珮玉（Jayce Lee）

　　身處巨變時代，我們都被各種新科技與新趨勢追著跑，不得不使出全身力氣去追，如果不這麼做，似乎就會落伍。然而無論是內在或外在、個人或組織（企業），向過去學習、用既有的經驗或思維來面對，已經無法讓我們面對挑戰跨越關卡。

　　正因為我們處在一個混沌複雜多變與不確定的時代，更需要沉著以待和慢下來的勇氣，我們必須回歸內心，才能向湧現的未來學習，這就是本書的主旨。

　　「向湧現的未來學習」這句話，乍看之下並不容易懂，因為一般來說，我們都向過去學習。但是，我們身處的世界變化實在太快，過去的經驗已不足以因應，因此我們要學會打開自己、願意聆聽與對話，才能跨出舒適圈，創造更多可能性，這就是「向湧現的未來學習」的真諦。

聚焦在「自己能做的事情」，轉移掙扎與糾結的情緒

以我為例，我與U型理論的最初的相遇是在二〇一二年，透過我的視覺老師凱葳‧博德（Kelvy Bird；本書封面與內頁插圖繪者）引薦，參與麻省理工學院史隆管理學院（MIT Sloan School of Management）、北京清華大學公共管理學院，以及佳通集團（Giti Group）UID公益基金會（United in Diversity）所共同協辦的跨界領導力行動學習專案，因而與本書作者奧圖‧夏默教授結緣，以視覺化、圖像化的方式，在不同場合擔任作者奧圖的中英文視覺記錄工作。

二〇一五年，U型理論透過線上學習平台u.lab MOOC（Massive Open Online Course；慕課），與全球來自一百八十五個國家與超過十萬名的創變者、實踐者連結，經歷了U型理論的普及和許多跨界人士有合作的機會。這是過去面對空白畫布的我，所沒有的體驗。

從面對空白畫布到連結人群，從關注個人到關注組織與社會世界福祉，對我來說，這是一個翻轉的過程，也可以說這是我人生的轉振點。

原本我的專業是視覺藝術，從一個面對空白畫布的視覺工作者，轉身成為面對人群，透過大量深度聆聽與對話，和人連結的「Hold場者」。

在這個轉變的過程中，有很多掙扎，但骨子裡與大系統

連結的渴望，也推動我自己跨出舒適圈去嘗試、去挑戰，我不把關注力放在掙扎或糾結上，而是選擇放在自己能為他人，為這個世界貢獻什麼？而當我離開人生的那一刻，留下了什麼足跡能幫助這個世界變得更美好？

現在回首來處，我並不是因為做這件事情對我有什麼好處而做，而是在那個當下，我聚焦在「自己所渴望能做的事情」，就投入了，漸漸地，一點一點連結起來成為線與面，把我帶到U型理論的世界裏。

回頭來看，其實每件生命中遇到的人事物都會連結起來，U型理論對我的影響，是從關注自我到大我，從me到WE。深度聆聽與真實的同理對話往往是當今世代非常稀缺的能力，只要帶著自我覺察，即使是很個人的關係或點對點的接觸，也會影響整個系統。

因緣際會之下，找到一生想做的事

作者奧圖在書中提到，他的生命中有幾個覺察時刻，一個是童年時家中大火，他感到自己好像站在一個比自己更高的位置，客觀地審視這一切，包括那個看著自己的家遭到烈焰吞噬的自己，這就是奧圖自我覺察的起點。

另一個觸動他自我覺察的關鍵事件，是他就讀大學時，一位教授對他說：「我對你有很深的期許。」當時他想，我找到這一生該做的事情了，這就是書中提到的事工（WORK；

天命）。

這讓我想到，過去我從事的視覺設計創意工作，大多是站在自己（EGO）的視角，當我遇見作者奧圖與U型理論，並與這些年在視覺設計領域所累積的經驗與養分交融，「生活、工作即道場」打開感知，跨界學習連結，關注更大的生態（ECO）系統複雜性，愈來愈清晰視覺能夠成為與人連結的橋梁，凡連結必有創造，而「連結」就是我這一生該做的事情。

我覺得這本書更像是一張尋寶圖，在不同的故事情境裡，描繪未來的場景，值得我們挖寶。可以說是我們心靈、意志和思維的導航系統，讓每位讀者在尋寶的過程中有路標可循。

放下頭腦用心探索的內在覺察之旅

我想，當你拿起這本書，對這本書好奇時，這就是開啟自我覺察的開端，也許就是生命的轉捩點，如同史蒂夫‧賈伯斯（Steve Jobs）二〇〇五年對史丹福大學（Stanford University）畢業生演講中提到，很多事情回頭看，才知道為什麼，當年那些點點滴滴累積成為現在的我，把我帶到這裡，一切都是水到渠成，這也是與U型理論有共鳴的地方。

這本書給我的啟發，在於打開自己愈多、自我覺察就會愈深，對於「我是誰？這一生我要做什麼？」愈有感受。本

書第五章有許多應用案例和實作，有相當大的參考價值。重要的是，讓我知道如何從宏觀的視角面對未來的挑戰。

書中提到很多案例、工具和實作，協助我們進入U型理論的世界。我想把這本書推薦給大企業的經營者閱讀，當一個組織或一家企業愈來愈龐大，很多的數字都達到了，但是，我們經常忽略從人心的角度而不是從數字的角度，以不同以往的方式來面對挑戰。這本書提醒我們，組織或企業成長速度愈快愈大，面臨的系統複雜程度也愈高，對於人的關注更要愈精微。

讀者當中，有人可能參加過共識營，我觀察到的是，許多共識營沒有足夠的時間破冰暫懸主觀意識，只是急忙地想要建立共識、交出成果。我從這本書體會到，你必須先打造一個說故事的場域與環境（容器），讓人覺得有充分的安全感與允許敞開自己心靈，發揮感知力，不是只用頭腦與人對話，而是用心聆聽。創造一個安心讓人願意打開思維、心靈與意志，進而傾聽彼此的容器。

允許自己願意慢下來，打開感知的天線，在VUCA*中安住的過程中，內心要夠強大，容許一開始的混沌和不確定，不因模糊而放棄停止前行的腳步，慢慢地對焦，才能因應巨

---

* VUCA：Volatility（多變）、Uncertainty（不確定）、Complexity（複雜）、Ambiguity（模糊）的縮寫。

變。

本文作者視覺紀錄引導師（Visual Facilitator）、自然流現研究院（Presencing Institute）核心成員。透過視覺老師凱葳‧博德（Kelvy Bird）引薦，在全球不同場合為本書作者奧圖‧夏默（C. Otto Scharmer）教授擔任中英文視覺紀錄；紐西蘭坎特布里大學藝術系學士。

Jayce致力於透過視覺及群體紀錄的新探索，來顯化及結晶場域中不可見的深數據為共享的價值，進而支持群體的共同看見。

獻給眾人
在湧現中的運動裏銜接起當前的三大鴻溝：
生態、社會與精神鴻溝。

目錄 c o n t e

n   t   s

第三篇　演進式社會變革的敘事

前言

　　《U型理論》在二〇〇六年首度出版的十年後，我的出版商找我寫這本書。他說得比這更客氣一點：「好吧，《U型理論》是賣得不錯。可是坦白說，我們並不明白是為什麼。要看懂幾乎是不可能，厚達五百頁、多達幾十張圖表、幾百條注釋，出版業者叫你不要做的事，這本書一應俱全。」然後他建議說：「你何不改變一下，這次寫本讓人看得懂的書，比較短又好理解，而且內容更新過？」

　　我看起來大概是有點變臉了。一看到這樣，他立刻指出，有另外幾位正好是我所景仰的作家，是如何按照他的建議：第一，鉅細靡遺地把你所新創的觀念寫出來，然後在下一本書裏，以比較淺顯易懂的方式來解釋。最後，結果就是各位現在手中所拿的這本《U型理論精要》。

　　希望它對各位會滿有用。以此來介紹U型理論，也就是以覺知型的方法來改變系統，我嘗試要回答的問題是：我們在面對破壞時要如何學習？我們要如何向所湧現的未來學習？

U型理論是以演進中的人類意識為觀點來融合系統思考（system thinking）、創新與帶領變革。援引麻省理工學院（Massachusetts Institute of Technology，MIT）行動研究和從做中學的傳統，U型理論在全球活躍的**踐行者**（practitioners）社群精進下，已演進了二十多年。就核心而言，U型理論是由三個主要元素所構成：

一、為領導與系統變革**看出盲點的架構**。

二、實行**覺知型變革**（awareness-based change，ABC）的方法：流程、原則、做法。

三、演進式社會變革的新敘事：把我們在社會所有部門中的思維與體制的**操作系統**加以更新。

第一篇是在探討U型理論的架構和主要觀念（第一到四章）。它會闡明現今在領導上最重要的盲點：我們在**操作時**所依據的**內在條件**（interior condition）。

第二篇是在描述U型理論的流程、原則與做法（第五章）。它會為變革推手示範實用的方法和工具。焦點則在於建立集體能力，以轉變我們在**操作時**所依據的**內心狀態**（inner place）。

第三篇是在介紹深度演進式社會變革的新敘事（第六到七章）。如果要以因應當前迫切挑戰的方式來重新設計社會，那要怎麼做？如果要把正念（mindfulness）的力量應用

在集體系統的轉型上，那要怎麼做？書中的這個部分所闡述的架構是在為我們的教育體制、經濟和民主來更新「操作系統」。這個架構會把U型理論的核心概念應用到資本主義的轉型上。

U型理論整合推行變革的方法與傳承，彙整如下：

- 行動研究與組織學習的傳統，來自彼得‧聖吉（Peter Senge）、艾德‧夏恩（Ed Schein，全名Edgar H. Schein）、唐納‧熊恩（Donald Schön）、克里斯‧阿吉瑞斯（Chris Argyris）和庫爾特‧勒溫（Kurt Lewin）。

- 設計思考的傳統，來自提姆‧布朗（Tim Brown）和戴夫‧凱利（Dave Kelly）。

- 正念、認知科學和現象學的傳統，來自法蘭西斯科‧瓦瑞拉（Francisco Varela）、喬‧卡巴金（Jon Kabat-Zinn）、譚雅‧辛格（Tanja Singer）、亞瑟‧札約克（Arthur Zajonc）和大衛‧波姆（David Bohm）。

- 公民社會運動的傳統，來自小馬丁‧路德‧金恩（Martin Luther King Jr.）、尼爾森‧曼德拉（Nelson Mandela）、聖雄甘地（Mahatma Gandhi），以及其他成千上百萬位以在地脈絡來集結變革的人。

U型理論領導力：耕耘社會場域

就核心而言，U型理論是在區別行動與關注力進入世界的不同方式。我以這種方式關注，故它以那種方式湧現。或者就像漢諾瓦保險（Hanover Insurance）的已故執行長比爾・歐布萊恩（Bill O'Brien，全名 William J. O'Brien）所說：「一項干預措拖的成功，取決於干預者的內在條件。」

U型理論把我們的關注力帶到了現今的領導盲點上：「內在條件」，也就是我們在個別和集體操作時都要依據的源頭。

由於我是在農場長大，所以我喜歡把內在條件比喻為田地。每塊田地都有兩面：看得見的那面，地表上所生長的農作物；看不見的地表下那面，也就是土質（土壤的特性）。

同樣的區別也適用於社會場域。我們可以看到別人做了什麼，他們在看得見的範圍內所達到的實際成果。可是我們鮮少去注意較深的根源條件：我們在操作時所依據的源頭和內在條件。U型理論把我們的關注力帶到了那個盲點上（社會場域〔social field〕看不見的源頭面向），我們與彼此、系統和自己在關係上的特性。

U型理論為行動和關注力列出了四種進入世界的不同方式（或所依據的源頭）。它是源自覺知的特性為：（一）習慣；（二）本位系統；（三）同理關係；或者（四）生成式生態系統。

　　領導力的根本是要對我們的盲點（這些內在條件〔interior condition〕或源頭）變得覺知，然後針對所面對處境的要求來轉變我們在操作時所依據的內心狀態（inner place）。這代表身為領導者和變革推手，我們的職責就是要**耕耘社會場域的土壤**。社會場域是由個人、群體和系統間的關係所構成，會交織出思考、交談和組織的形態，進而產生實際結果。

　　社會場域就像是社會系統，但它是從內在和內在條件來看。如果要從社會系統的視野轉變為社會**場域**的視野，我們就必須對本身的盲點、亦即關注力和行動據以形成的源頭層次具有覺知。這個源頭層次會徹底影響到領導、學習和聆聽的特性。

　　當今的領導問題在於，大部分的人都認為它是由個人所組成，並有一個人在頂端。但假如我們把領導視為系統共同感知（co-sensing）和共同塑造（co-shaping）未來的能力，那我們就會意會到，所有的領導都是分散式，它需要把每個人涵蓋進去。如果要培養集體能力，每個人就必須當起更大生態系統的管家。如果要以比較可靠、分散與刻意的方式做到這點，我們就需要：

- 社會語法：用語
- 社會技術：方法和工具
- 社會變革的新敘事

關於社會場域的語法，我會在第一篇詳述。覺知型社會技術的方法，則在第二篇詳述。在第三篇，它們則會被統整到社會與文明再造（civilizational renewal）的敘事中。

共同感知和共同塑造湧現中的未來可能性，是U型理論在演進時所圍繞的核心流程。但它遠不止於此。本書中所闡述的語法和方法是以矩陣來運作，而不是線性流程。U型方法的核心領導力包括：

- **懸掛和驚嘆**：唯有把評判懸掛起來，我們才能對驚嘆抱持開放。驚嘆則是要留意到，有個世界是在我們的下載模式之外。

- **共同感知**：你必須親臨潛能最大的地方，因為未來的種子就是從這些連結中進入世界。在連結這些地方時，你的思維與心靈要完全開放。

- **意圖的力量**：「意圖」的力量是關鍵所在。在所有自然流現的修為當中，較深的意圖都跟公司的信條相反。它是要擴大而非縮小可能性的範圍。它是要強化大我在世上的源頭，否則它就很容易使我們分崩離析。它是要使你覺知到本身在好奇心、慈悲和勇氣上的源頭。

- **共同創造**（co-creating）：以實作和為湧現中的未來建造小型起降道以探索未來。

- **建造容器**：打造新的維繫空間來激發生成式社會場域
  （generative social field）。

　　現有社會生態系統的問題在於，部分和整體間的反饋迴
路斷了。U型理論所提供的方法則使系統有辦法**自我感知並
看見本身**，以**重新串聯起部分和整體**。當這件事發生時，集
體意識就會開始從**本位系統**（ego-system）的覺知轉變為**生
態系統**（eco-system）的覺知，從**孤島觀點**（silo view）變成
系統觀點（system view）。

　　U型理論的方法和工具使群體能在集體的層次上做到這
點。例如**社會大劇院**（Social Presencing Theater，SPT）是把
觀察之管回頭彎向觀察者本身，使系統中的一群利害關係人
（stakeholders）有辦法在個別和集體上都感知並看見自己。

　　這很要緊，因為**能量會跟著關注力走**。身為領導者、教
育者、家長等等，不管我們把關注力擺在哪兒，團隊的能量
就會往哪兒去。我們一看到關注力的特性從自我轉變為生
態，從我轉變為我們，場域的較深層條件就會在此時開啟，
生成式社會場域就會在此時受到激發。

　　我在過去二十多年來對這些和其他變革方法的研究可歸
結如下：任何系統所達成結果的特性都是取決於這些系統的
人員在操作時所依據覺知的特性。一句話：**形式會跟著意識
走**。

致謝

　　本書的中心固然是在談領導覺知型系統變革的新方法論，但它也關乎自我的旅程。這點是在說我自己，在農場長大的小孩變成社會運動的活躍分子，然後開始重新思考經濟學，並在團隊、組織中和社會層次上建立學習的基礎設施。而這段旅程當然是根植在把本書所描述的修為給共同創造出來的整張關係網中。

　　我要表示衷心感謝的是，全球的夥伴和協作者網絡幫忙：（一）勾勒出這個架構；（二）精進了方法論；（三）在現今的挑戰下，共同創造出了再及時不過的敘事和運動。

　　我要向自然流現研究院（Presencing Institute，PI）的共同創造者深深一鞠躬表達感謝之意：

共同創辦人

- 凱特琳・考費爾（Katrin Kaufer），在價值型銀行中首創建立能力的新環境，把對資本的刻意運用和自然流現的做法加以融合。
- 阿拉瓦娜・林（Arawana Hayashi），打造社會大劇院，以新的方法與藝術形式體現社會系統中的領悟。
- 凱葳・博德（Kelvy Bird），打造出生成式圖像記錄（scribing）的方法，以透過視覺的做法來體現自然流現的做法。

- 瑪麗安・古德曼（Marian Goodman），為自然流現的做法擴展了建立能力的全球生態系統。

- 黛娜・康寧漢（Dayna Cunningham），教我們要怎麼把自然流現的做法，帶到系統化種族主義和結構型暴力的複雜環境中。

- 娥素拉・沃斯提根（Ursula Versteegen），把自然流現的做法帶進了正念農業（mindful agriculture）當中。

- 貝絲・詹德諾亞（Beth Jandernoa）和七人圈（Circle of Seven），為上述一切保留了空間。

u.lab核心團隊

- 亞當・尤克森（Adam Yukelson），共同創造了u.lab平台，並帶領u.lab 1X（＝從個人變革到原型）和2X（＝轉化資本主義的七個穴位）的內容創作。

- 茱莉・阿茲（Julie Arts），推展了u.lab學習小組召集人（Hub Host）的全球社群，並帶領u.lab 3X（＝如何打造創新實驗室：實踐之路）的內容創作。

- 安琪拉・巴迪尼（Angela Baldini）和席穆恩・福蘭森（Simoon Fransen），推展並支持了多方在地社群的學習小組召集人和u.lab。

- 徐莉俐（Lily Xu）和李珮玉（Jayce Lee），啟發並共創中國u.lab，並為它激發出遍及華人世界的驚人創新生態系統。

- 馬丁與艾姬‧卡倫古－班達（Martin and Aggie Kalungu-Banda），共同創造且為非洲u.lab建構了原型，並致力於該洲各地諸多的多方利害關係人倡議。

我們在世界各地的核心團隊夥伴

- 法蘭斯‧蘇吉阿爾塔（Frans Sugiarta）、曾金輝（Ben Chan）博士和秀比‧拉瓦拉塔（Shobi Lawalata），在與佳通集團（Giti Group）UID公益基金會（United In Diversity）協作下，共同推展並共同領導了印尼的u.lab與IDEAS（永續創新動態教育與行動）課程。
- 茱莉亞‧金（Julia Kim）和壽河永（Ha Vinh Tho），在不丹、越南和泰國把國民幸福毛額（Gross National Happines，GNH）與自然流現的做法加以融合。
- 肯尼斯‧霍格（Kenneth Hogg）和綺拉‧奧利佛（Keira Oliver），在蘇格蘭政府實行了u.lab，以激發**資產型社區發展**（Asset Based Community Development，ABCD）（藉由找出和活化常常不受認可的既有資產來為社區創造發展機遇）。
- 丹妮絲‧切爾（Denise Chaer），在巴西首創了糧食與營養實驗室（Food and Nutrition Lab）。
- 凱蒂‧史塔布利（Katie Stubley），在澳洲建立了集體的自然流現能力。

- 曼尼許・史利瓦斯塔瓦（Manish Srivastava），把自然流現的做法與受到甘地所啟發的印度草根變革加以融合。
- 吉恩・托蘭德（Gene Toland），打造了拉丁美洲的實踐社群。
- 蕾歐拉・菲爾普斯（Reola Phelps）和威博・庫勒（Wibo Koole），在衣索比亞的永續糧食實驗室（Sustainable Food Lab）。
- 貝絲・蒙特（Beth Mount），把兼容工作與社會大劇院加以融合。
- 麗茲・索姆斯（Liz Solms）和瑪莉・麥考米克（Marie McCormick），帶領了我們的洛杉磯教育實驗室（L.A. Education Lab）。
- 迪特・凡登布洛克（Dieter van den Broeck），把U型流程應用到生態系統的復原上。
- 蘇珊・史克傑（Susan Skjei）和凱瑟琳・休勒（Kathryn Schuyler），提升了覺知型行動研究。
- 約翰・赫勒（John Heller）和希奈戈研究所（Synergos Institute）的同仁，在世界各地的實驗室倡議。
- 林美金（Cherie Nursalim）和來自印度與中國的UID公益基金會同仁。
- 克勞蒂亞・馬德拉索（Claudia Madrazo）和墨西哥獨

立母牛（La Vaca Independiente）的同仁。

- 薇碧克·孔尼格（Wiebke König）和卡塔琳娜·婁貝克（Katharina Lobeck），來自 GIZ 全球領導學院（GIZ Global Leadership Academy）。

我們的顧問和董事群

- 彼得·聖吉、艾德·夏恩、亞瑟·札約克、黛安娜·查普曼·華許（Diana Chapman Walsh）、艾琳·費雪（Eileen Fisher）、伊莎貝爾·葛雷洛（Isabel Guerrero）、貝琪·布爾（Becky Buell）、安東妮·克萊茲基（Antoinette Klatzky）、克里斯提安·馮普雷森（Christian von Plessen），共同啟發了自然流現研究院，從構想到全球影響力。

以及

- 詹妮絲·史貝德佛（Janice Spadafore），以神奇的技巧把某種結構套用在上述一切的動態混亂上！

至為感激我在麻省理工的同事，包括黛博拉·安可納（Deborah Ancona）和菲爾·湯普森（Phil P. Thompson），還有校長拉斐爾·萊夫（Rafael Reif）和麻省理工的數位學習副校長桑賈伊·薩爾瑪（Sanjay Sarma），他們帶頭打造出了MITx、edX，以及讓u.lab之類的平台得以壯大的空間。

還要感謝約瑟夫・賈渥斯基（Joseph Jaworski）、布萊恩・亞瑟（Brian Arthur）、約翰・米爾頓（John P. Milton）、艾莉諾・蘿許（Eleanor Rosch）、野中郁次郎（Ikujiro Nonaka）、法蘭西斯科・瓦瑞拉、南懷瑾、亨利・波托夫特（Henri Bortoft）、貝蒂蘇・佛勞爾絲（Betty Sue Flowers）、麥可・戎格（Michael Jung）和亞當・卡漢（Adam Kahane）。在透過《U型理論》（Theory U）這本書和《修練的軌跡》（Presence）這本書（與聖吉、賈渥斯基和佛勞爾絲合著）來初步勾勒U型理論時，他們的貢獻至關重要。

最後，能夠完成《U型理論精要》這本書，我要謝謝凱特琳大大充實了原稿；芭芭拉・麥凱（Barbara Mackay）、珍・拜亞斯（Jan Byars）和羅布・瑞奇利亞諾（Rob Ricigliano）對草稿（各部分）加以評論；珍妮・莫維利（Janet Mowery）把她出色的編輯功夫應用在內文中；凱葳（Kelvy Bird）貢獻了精彩的插圖；吉凡・西瓦蘇布拉曼尼安（Jeevan Sivasubramaniam）建議我寫這本書；貝雷特—柯勒出版社（Berrett-Koehler Publishers）的全體團隊，將原稿變成了我希望會對各位有意義的書，謝謝大家。

祝閱讀愉快！

奧圖・夏默於美國麻州劍橋
二〇一七年九月一日

第一篇
以架構來看待場域

　　有些人說，變革儘管講歸講，真正發生的卻屈指可數。但在我的經驗中，實情並非如此。在我的人生中，我看到好幾次板塊變動。我看到柏林圍牆和連帶的冷戰體系在一九八九年倒塌，我看到南非的種族隔離制度結束，我看到青年運動把美利堅合眾國首位非裔美籍總統拱上寶座，我也看到全球經濟中心在過去二、三十年從西方轉往東亞。如今我看到來自獨裁者、民族主義分子和極右翼運動在近期竄起，藉以反撲單邊全球化，並隱含著一件更為重大的事：新的覺知在全球各地覺醒。

　　即使這些變革並非每一場都造成了板塊變動，但我知道這點假不了：現今任何事都有可能發生。我相信，我們一生中最重要的板塊變動並不在我們後面，而是就在面前。這場變動關係到**資本主義**、**民主**、**教育**和**自我**的轉型。

第一章

盲點

　　我們是活在有深度可能性與破壞的時刻。標示著舊的心態與組織邏輯正在消亡的時刻。標示著激發生成式社會場域的新覺知與新方式在崛起的時刻。正在消亡和瓦解的世界是以我為先（Me First）、愈大愈好，以及由特殊利益團體來驅動決策，而使我們淪於「組織化卸責」（organized irresponsibility）的狀態。

　　正在誕生的則比較不明朗。它關係到我們的意識從本位系統（ego-system）轉變為**生態**系統（eco-system）的覺知，注意到全體福祉的覺知。在世上的許多地方，我們可以親眼目睹這樣的覺知和它背後的力量在覺醒：在激發心靈的**智慧**。從這樣的覺知中開始行動的團體可能會如加州大學柏克萊分校的認知心理學者蘿許（Eleanor Rosch）所說，「成效令人震撼」。

　　比起我們在全世界所面臨的巨大挑戰，這種轉變的開端或許看來既小又無足輕重。在許多方面確實是如此。然而我相信，它蘊含了深度**文明再造**（civilization renewal）的種子，並且是在保護和進一步激發人性的根本時所必須的。

　　我朋友暨自然流現研究院的共同創辦人凱葳‧博德（Kelvy Bird）以深淵的圖像畫出了這種體會（圖一）。

　　假如我們想像自己是在**圖一**的左側，我們就能看到世界正在瓦解和消亡（過去的結構）；在右側則會看到現在正有新的思維與社會結構在湧現。挑戰在於，要釐清怎麼去跨越

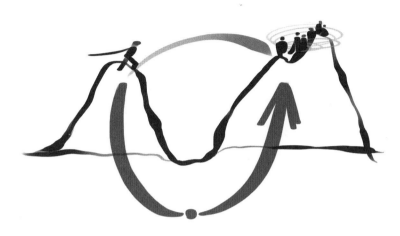

【圖一】破壞的挑戰

阻斷兩地的深淵：怎麼從「這裏」轉移到「那裏」。

粗略來說，圖一就是在描繪本書的旅程：跨越深淵的旅程，從由過去所驅動的眼前現實，到由未來最高的潛能所啟發的湧現中未來。

三大鴻溝

如今這段旅程比以往更加要緊。假如我們往深淵裏看，就會看到三大鴻溝。它們是：

- **生態鴻溝**：前所未有的環境毀滅，導致大自然折損。
- **社會鴻溝**：不公平和支離破碎的程度令人髮指，導致

社會折損，而且是社會整體。

- **精神鴻溝**：過勞和憂鬱的程度有增無減，導致意義折損和大我（Self）折損。對於把「S」大寫的大我，我指的不是眼前的本位自我，而是未來最高的潛能。

生態鴻溝可以用一個數字來總結：一‧五。目前我們的經濟消耗一‧五個星球的資源。我們把地球的再生能力用到了一‧五倍。而且這還是平均值。例如在美國，目前的消耗率便超過了五個星球。

社會鴻溝可以用另一個數字來總結：八。八位億萬富豪所擁有的跟半數人類加起來的一樣多。對，千真萬確。用廂型車就能載完的一小群人所擁有的超過了世界人口的「下半部」：三十八億人。

精神鴻溝可以用八十萬這個數字來總結。每年有超過八十萬人自殺，數字比死於戰爭、謀殺和天災的人數加總起來還大，相當於每四十秒就有一人自殺。

就根本上來說，我們是在集體創造（幾乎）沒有人想要的結果。這些結果包括大自然折損、社會折損和大我折損。

在十九世紀時，有很多國家把社會鴻溝竄起視為一大課題，自此以後它就塑造了我們的公共意識。到二十世紀時，我們看到了生態鴻溝竄起，尤其是在最後三分之一世紀的期間。它也塑造了我們的公共意識。

　　而來到二十一世紀的開端，我們正看到精神鴻溝竄起。從全球資訊網（World Wide Web）在一九九〇年代誕生以來，我們就經歷過大規模的科技破壞。在它的推波助瀾下，到二〇五〇年時，科技的進步將取代約半數的工作。套句電腦科學家暨昇陽電腦（Sun Microsystems）共同創辦人比爾・喬伊（Bill Joy）的話，我們現在所面臨的未來將「不再需要我們」，進而迫使我們要去重新定義「身為人類的我們是誰？」並決定我們想要活在及打造哪種未來社會。我們在整個二十世紀看到各類暴政後，現在是不是正走向科技暴政？在往深淵裏看時，這是我們所面臨的其中一個問題。

　　換句話說，我們是活在所屬星球、社會整體和人性根本正受到攻擊的時代。這聽起來或許有點聳動。不過，我相信它還低估了眼前此刻的嚴重性。

　　那希望在哪？當前最大的希望源頭在於，有愈來愈多人意會到，尤其是比較年輕的族群，這三大鴻溝並不是三個分開的問題。它們在根本上就是**同一個**根源課題的三個不同層面。那個課題是什麼？盲點。

盲點

　　領導力、管理和社會變革都有盲點。它是對我們的日常社會經驗也適用的盲點。該盲點涉及我們在行動、溝通、知

覺或思考時據以操作的內心狀態（inner place），也就是源頭。我們可以看到自己在做什麼（結果）。我們可以看到自己是怎麼做（過程）。但我們通常無所覺知的是誰：我們在操作時所依據的內心狀態或源頭（圖二）。

　　我來解釋一下。我最早聽聞這個盲點，是在跟長期擔任漢諾瓦保險執行長的歐布萊恩談話時。從長年帶領的轉型變革中，比爾把他最偉大的見解總結如下：「一項干預措施的成功，取決於干預者的內在條件。」

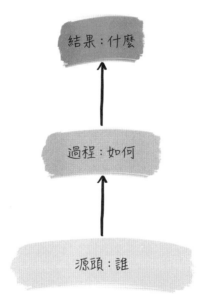

【圖二】領導力的盲點

比爾的說法使我茅塞頓開：重要的不只是領導者做什麼和怎麼做，還有他們的「內在條件」（interior condition），也就是內在源頭。

我恍然大悟，比爾所指的是使我們的行動、溝通和知覺據以成形的較深層面向（源頭），並使我們得以感知和連結一套全新的未來可能性。

在我們的日常社會經驗中，不管是在組織、體制，或是我們的私生活，我們是如何去注意的特性多為隱藏的面向。我們在處理日常事務時，通常都相當覺知自己在做什麼和怎麼做，也就是自己所運用的流程。但假如被問到行動是從何而來，大部分的人都給不出明確的答覆。在我的研究中，我則開始把行動和知覺的這個起源稱為源頭。

在空白畫布前

省思了我和歐布萊恩的交談後，我意會到我們每天都是同時在看得見和看不見的層次上互動。為了加強了解這點，試想藝術家的工作。

我們可以從至少三個視野來看藝術：

- 我們可以聚焦於創作過程所產出的東西，好比說畫作。
- 我們可以聚焦於藝術家把畫創作出來的過程。

- 或者我們可以觀察藝術家站在空白畫布前的當下。

換句話說，我們看藝術作品可以在它創作出來後、在創作**期間**，或是在創作開始**之前**。

假如把這個類比套用在帶領變革上，我們就能從三個類似的視野來看變革推手的工作。第一，我們可以看領導者和變革推手在做什麼。有很多書都是從這個觀點來寫。第二，我們可以看如何，也就是領導者所運用的流程。我們把這個視野運用在管理和領導研究上有二十多年了。

然而，我們從來沒有系統性地從空白畫布的視野去看領導者的工作。我們所留下沒有問到的問題是：領導者和變革推手在實際操作時，所依據的源頭是什麼？例如：我帶到處境裏的聆聽特性是什麼、注意特性是什麼，以及這樣的特性是如何在一時一刻改變行動方針？

對三大鴻溝的討論可總結為：生態鴻溝是源於自我與大自然脫節，社會鴻溝是源於自我與他人脫節，精神鴻溝則是源於自我與大我脫節，也就是我今天是誰與我明天可能是誰、我未來的最高可能性脫節了。

抵達麻省理工學院

我在大概二十四年前從德國抵達麻省理工學院時，目標

是要學習可以如何幫助社會上的變革推手應付破壞不斷迎面而來的重大挑戰。在《第五項修練》（*The Fifth Discipline*；繁中版由天下文化出版）的作者彼得・聖吉主持下，當時新創立的麻省理工組織學習中心（MIT Organizational Learning Center）把一群獨特且首屈一指來自麻省理工學院和哈佛大學（Harvard University）的行動研究人員齊聚一堂，包括夏恩、阿吉瑞斯、熊恩、比爾・艾賽克（Bill Isaacs）和其他許多人。連同其他許多來自其他機構與地方的寶貴協作者，有機會在這個有優秀同事與朋友的網絡和圈子裏工作，使本書深受塑造和啟發。

　　如今回顧本身的旅程，我看到有三大見解與學習塑造了我在探索盲點時的旅程。

向湧現的未來學習

　　我的第一個見解相當基本。學習有兩個不同的源頭：（一）藉由省思過去學習；（二）透過感知和落實，向湧現中的未來可能性學習。

　　組織學習的傳統方法全都是以相同的學習模式來操作：靠省思過去的經驗來學習。可是當時我一再看到，在現實組織中，大部分的領導者所面臨的挑戰都無法單靠省思過去來回應。有時候過去的經驗並非特別有幫助。有時候它正是使

團隊無法以嶄新的眼光來看待處境的原因所在。

　　換句話說，向過去學習有其必要卻不充分。所有破壞式挑戰都有賴於我們更進一步。它有賴於我們放慢腳步，停下來，感知更大的變革驅力，放下過去並接納湧現中的未來。

　　可是向湧現中的未來學習，要怎麼做才對？我開始問這個問題時，有很多人都翻白眼看著我：「向未來學習？你在講什麼？」有很多人告訴我，它是鑽牛角尖的問題。

　　然而，把我二十多年的研究旅程組織起來的正是這個問題。我們人類之所以與眾不同，靠的就是我們能連結湧現中的未來。這說明了我們是誰。我們能打破過去的形態，創造出有規模的新形態。地球上沒有別的物種做得到這點。例如蜜蜂或許是由高出許多的集體智慧所組織而成，然而牠們並沒有改變本身組織形態的選項，但我們人類有。

　　我用不同的說法來陳述這點。我們有天賦來應對兩種非常不同的時間特性與流向。此時此刻的其中一種特性在於，它基本上就是過去的延伸。這種此時此刻是受到既成之事所塑造。此時此刻的第二種特性在於，它是通往未來可能性場域的門戶。這種此時此刻是受到湧現中的事所塑造。假如連結的是這種時間特性，它就是依據自然流現出未來最高的潛能來操作。**自然流現**（presencing）這個詞融合了「感知」（sensing）與「流現」（presence）。它是指要感知和落實人未來最高的潛能。每當我們在應付破壞時，最要緊的就是這第

二種時間流向。因為要是少了這種連結，我們往往到頭來就會是破壞的受害者，而不是共同塑造者。

　　就個人、組織和生態系統而言，我們要怎樣才能連結這第二種時間流向？過去二十年來，這樣的探索指引了我的研究旅程。它引領了我去描述運用一種不同流程的深層學習循環，以此把我們移到系統的邊緣，把我們連結到本身最深的領悟源頭上，並驅策我們從做中去探索未來。這種**深層學習循環**（deep learning cycle）對我們的工作與生活都適用。例如受到湧現中的未來潛能場域拉動是長得怎樣和感覺怎樣，我在十六歲時曾有過的經驗，就使我真正嘗到了它的滋味。

面對火災

　　我那天早上離開家中的農舍去上學時，並不曉得那會是最後一次看到我家那座有三百五十年歷史的大農舍。它就是另一個平常的上學日，直到下午一點左右，老師把我叫出教室說，我該回家去一趟。我不曉得可能是發生了什麼事，但感覺到並不是好消息。照例搭了一小時的火車後，我跑向車站的出入口並跳上計程車。早在計程車抵達前，我就看到了巨大的灰黑色煙雲直沖天際。計程車開上我家的長車道時，我的心狂跳不止。我認出有鄰居、當地的消防隊員和警察。我跳下計程車，衝過聚集的人群，在栗樹林立的車道上來到最後半哩。我走到庭院時，不敢相信自己的眼睛。我一輩子

所住的世界沒了，全部化為了灰燼。

隨著我面前的火災現實開始沉澱，我覺得彷彿有人從我的腳下把地面扯開，我度過出生、童年和青春的地方沒了。我站在那兒，承受著火場的熱氣，感覺時間慢了下來，這才意會到自己對於所有遭到火災摧毀的東西有多依戀。我自以為是的一切都融解了。一切？不，也許不是一切，因為我感覺到有一絲絲的自己依然存在。有人依然在那兒，看著這一切。是誰？

在那一刻，我意會到自己有以往並未覺知到的另一面，與我未來的可能性有關的一面。在那一刻，我感覺到被往上牽引，來到軀體上方，並開始從那個高處看著現場。在無比清晰的一瞬間，我感覺到自己的思維正在平靜與開展。我並不是自己所以為的那個人。我的真實自我對於在斷垣殘壁內悶燒的所有身外之物並不依戀。我突然懂了，我真正的大我依然活著！這個「我」就是那個觀看者。而且這個觀看者是比我以前所知道的那個「我」更有活力、更覺醒、更鮮明地流現出來。我不再懊喪於身外之物剛才遭到火災所吞噬，一切都沒了，而是較為輕鬆與自由，放開來去跟另一個部分的自己打照面。這個部分則把我帶進了未來，我的未來，等著我去把它化為現實的世界。

隔天我八十歲的爺爺來了，也是他最後一次探視農場。從一八九〇年開始，他就在那間房子住了一輩子。由於要接

受治療，他在火災前那週去了外地。在火災後那天來到庭院時，他使出最後的力氣下車，直接走向家父在努力清理的地方。似乎沒留意到現場的四周還有小火在燒，他走到了我爸跟前，牽起他的手說：「Kopf hoch, mein Junge, blick nach vorn！」（抬起頭來，兒子，要往前看！）又說了幾句話後，接著他便轉身走回正在等待的車子並離開了。過了幾天，他就靜靜去世了。

耕耘了一輩子的東西有很多都付之一炬，我爺爺在人生的最後一週卻還能聚焦於湧現中的未來，而不是在對損失加以反應，這使我留下了很深的印象。

直到多年後，我開始努力向湧現中的未來而不是向過去學習時，我才開始把事情做到了最好。但我現在意會到，它是在那次的早期經驗中就播了種。

建造容器

有一天，我在麻省理工的導師夏恩（Edgar H. Schein）對我說：「我討厭有人說『人有兩類』……」接著他帶著一抹微笑繼續說：「可是人的確是有兩類：了解流程的人和不了解流程的人。」

夏恩說得對。了解流程是指了解社會關係的構造。假如想要把利害關係人的關係從比方說失靈改變為有益，你不能

只是下令要人去做。你必須在打造社會現實的流程中進一步往上游干預。你必須把那層關係的**構造**從一種調性改變為另一種，例如從反應改變為共同創造。

同樣地，就創意的「源頭」層次而言，我們可以說人有兩類：了解容器的人和不了解容器的人。建造容器是引導者對於形成保留良好維繫空間的用語。在組織裏，你常會看到執行長和主管做不到這點。他們認為只要發出宣言，並把工具套用到組織上，就能促成行為變革。工具很重要，但也受到了高估，因為它是一眼就看得見。可是通常會遭到低估的是眼睛看不見的所有事物，例如保留良好維繫空間比較看不見的元素：意圖、關注力，以及深層聆聽的微妙特性。建造良好的容器，指的是為**生成式社會流程**（generative social process）建造良好的維繫空間（holding space）。

在管理變革上，有很多正規的用語和工具箱到頭來頂多是部分有用。例如試想「驅動變革」這個詞。你什麼時候有問過家人，他們有多希望你把他們的關係網從一個狀態「驅動」到另一個狀態？祝你好運！帶領深度變革的現實跟一個人「驅動」另一個人的變革扯不上什麼關係。它是錯的比喻、錯的取向。我覺得比較有用的或許是農戶的比喻。

這就把我帶向了我的第三種學習，也帶回到我的根源……。

社會場域

　　我是在漢堡（Hamburg）附近一座有八百年歷史的農場長大。六十年前，家父與家母決定捨棄正規的工業農作技術，不再使用殺蟲劑、除草劑和化學肥料，改採有機農法，轉而聚焦於耕耘農場的活生態系統。每到周日，我父母就會帶著我、我妹妹和兩個弟弟到我們農場的各處田地去巡田（Feldgang）。家父偶爾會停下來，彎腰從犁溝裏捧起一把土壤，好讓我們能學著辨認它的不同類型與結構。他解釋說，土壤的特性是端賴於整群的生命體，成千上百萬住在每一立方公分土壤中的有機體。土地如果要呼吸，並演進為活的有機體，就少不了它們的作用。

　　就如同在我的青春時代，我們在這些巡田中所做的事，本書將帶各位走一趟類似的旅程。我們會不時停下來審視個案故事或一筆資料，以有助於我們了解「社會場域」（Social field）的較深層結構。而且就如同有機農戶完全是仰賴土壤的生命特性，社會先驅則是仰賴社會場域的生命特性。我把**社會場域**定義為，關係在交織出思考、交談和組織的形態並進而產生實際結果時的特性。

　　而且就如同農戶不可能「驅動」植物長得更快，組織的領導者或變革推手不可能強行得到實際結果。相反地，關注力必須集中在改善土壤的特性上。社會土壤的特性是什麼？

就是個人、團隊和體制間的關係在交織出集體行為與實際結果時的特性。

回頭來看，我意會到我在過去四十年來的旅程就是在耕耘社會場域。我爸媽耕耘農場的田地。我和同事則耕耘社會場域。假如你正好是主管、教育者、創業者、社會企業家、表演藝術家、醫療衛生專業人士、家長或運動建立人士，這八成也是你的工作。

那些著手打造運動、新創公司或深度變革的人，對於此處所談到社會場域的較深層經驗與層次都會很熟悉。以我本身來說，我先是在一九七〇年代和一九八〇年代投身於環境、綠色、反核與和平運動，後來開辦了自然流現研究院來當成新類型的全球社會企業。在書中的後半段，我會更詳盡來分享其中一些經驗。在這時候，我只想讓各位注意到的事實在於，這些經驗沒有一件是獨一無二或非比尋常。

恰恰相反的是，它其實頗為尋常。有過的人還不少。而且沒錯，它的確會使你「跳脫框架」（out of the box），就像是火災經驗使我有片刻跳脫了軀體。只不過有許多人擁有這些經驗遠比我們在乍看之下所意會到的要頻繁得多。

第二章

U型理論：形式會跟著意識走

　　U型理論是聚焦於，個人、團體和組織要怎樣才能感知並落實未來最高的潛能。

　　各位八成很熟悉哲學家笛卡兒（René Descartes）的名言：「我思，故我在。」這並非我們從U型理論的制高點起頭的地方。從U型的視野來看，我們會說是我（以這種方式）注意；故它（以那種方式）湧現。例如：我的聆聽特性會共同塑造出交談是如何展開。或者更普遍來說，在任何社會系統中，結果的特性都是取決於該系統的人員在操作時所依據的意識。要是歸結成一句話，這個觀念可以表述為，形式會跟著意識走。

使系統看見自己

　　過去幾十年來，我肯定看過這件事發生了數百次：對於要如何看待、感知和論述彼此、系統和自己，有時候是大、有時候是小團體的覺知產生了微妙的轉變。

　　圖三描繪了此處所談到的心態轉變：從把系統視為「遠在天邊」（out there）的東西（圖三a），轉變為從涵蓋一己自我的視野來看待系統（圖三b）。

　　當這樣的轉變發生在個人的層次上，我們就稱之為正念。正念是指有能力既注意到此時此刻的經驗，又注意到本身的關注力。

【圖三a】看到系統遠在天邊
（改編自安德里斯‧格萊德特〔Andreas Gradert〕）

【圖三b】把觀察之管轉向為可看見系統和自我
（改編自格萊德特）

　　當同樣的轉變發生在團體中，我們就稱之為**對話**（dialogue）。對話並非人員對彼此說話。對話是指系統有能力看見它自己。看見本身的形態。看見本身的假設。

　　這種能力當然也是系統思考的根本：使系統看見它自己。或者依照U型理論式系統變革的脈絡，我們會說是：**使系統自我感知並看見本身**。

　　當你去應對管理上的變革，那你就會知道，主要的工作就是在把人員從「孤島觀點」轉移到系統觀點上，或者我們會說是從本位系統的覺知變成**生態系統**的覺知。

　　事實上，最令我訝異的是，我們可以多穩健地創造出條件來讓覺知產生那種轉變。你無法操縱它。你無法像對一塊金屬那樣，靠著從外面敲打來鑄造它。但你可以創造出一套內外在條件來讓團體、組織或系統跨出那步，從湧現中的整體來感知並看見自己。

　　有不少人問過我：你究竟是怎麼構思出U型架構？它的起源是什麼？在本章裏，我會分享小小的故事和觀念來闡明U型理論的起源。所引述的訪談全都可在自然流現研究院的網站上找到，就在領導的對話（Dialogue on Leadership）那部分（詳見www.presencing.org）。

看見的時刻

我在一九九四年抵達麻省理工後沒多久，就看了一場現場直播，談的是由《第五項修練II實踐篇》（*Fifth Discipline Fieldbook*；繁中版由天下文化出版）的共同作者彼得・聖吉和里克・羅斯（Rick Ross）所推展的組織學習。在答覆觀眾提問時，羅斯走向白板，以下列幾個詞標繪了系統思考的「冰山模式」（iceberg model）：

結構（Structure）

流程（Process）

思維模式（Mental Models）

看到這幾個詞使我覺知到了兩件事。一是組織變革會在不同的層次上發生。二是在白板上所描繪的三者底下，八成需要有第四層。我把這三個詞寫下來時，自動加進了第四層來代表**源頭**。後來我便開始把第四層稱為「自然流現」。

在這之後沒多久，我把這四層連結上了U型的圖像：它是沿U型的左側往下走，從表面到源頭，區隔出知覺的層次（投射〔projecting〕、知覺〔perceiving〕、知覺到知覺〔perceiving perception〕、直覺〔intuition〕），然後沿U型的右側往上，並穿越不同的行動層次（想像〔envisioning〕、展現〔enacting〕、體現〔embodying〕）。

　　我為什麼要用U型圖？第一，在挖掘冰山的不同系統層次上，我有興趣描繪流程來把它呈現出來。第二，在幾年前，我在另外兩個地方看過不同版本的U型圖。一是在奧地利組織發展暨衝突化解專家斐德烈・葛拉索（Friedrich Glasl）的研究中。他在模式中，用了U型圖來區隔認同、人員與政治的層次，以及組織的技術實體範圍。我看到把U型圖描述為演進原則的另一個地方，是在二十世紀初的教育家暨社會創新者魯道夫・史代納（Rudolf Steiner）的研究中。研讀史代納是關鍵源頭，得到啟發的不只是我，還有葛拉索。所以假如催生出演進式思考的U型流程該歸功於任何一個人，那應該就是史代納。史代納是激進的社會創新者，影響力歷久不衰；他的體制創新包括華德福學校（Waldorf School；特色為親近自然、重視創造力、強調孩童的學習節奏、看重藝術陶冶）、生物動力農法（把動物、作物和土壤當成單一系統來處理）、整合醫學（以人的健康而不是治療疾病為中心，強調醫病關係的重要性）、現象科學（以探究現象為本的科學），以及觀想式自我發展路徑（借助觀想來達成自我發展）。

流程：三場運動

　　往前快轉四年半。此時來到一九九九年初，我與好友同事兼《領導聖經》（暫譯，*Synchronicity: The Inner Path of*

Leadership）的作者約瑟夫・賈渥斯基（Joseph Jaworski）結伴前往全錄帕羅奧圖研究中心（Xerox PARC），這是位於加州帕羅奧圖（Palo Alto）矽谷心臟地帶的研究基地。它是連到如今仍被許多人認為是歷來最有創意的團隊曾經進駐的地方。除了其他東西外，該團隊所打造出的東西有雷射列印、乙太網路、現代個人電腦、圖形使用者介面，以及後來成為數兆美元產業的其他關鍵特色。然而諷刺的是，它的母公司全錄（Xerox）從未充分利用這些發明。但有別人做到了：史蒂夫・賈伯斯（Steve Jobs）。蘋果（Apple）的崛起，基本上就是靠他把在全錄帕羅奧圖研究中心所看到的關鍵構想全部湊在一起。但回到我們的拜會上。

　　我們拜會了聖塔菲研究院（Santa Fe Institute）經濟學課程的創始負責人布萊恩・亞瑟（W. Brian Arthur），他在帕羅奧圖研究中心也有辦公室。布萊恩一開始就談到，現今商業界的經濟基礎正在改變。他說：「你知道，真正的力量是來自看出並迎合正在形成的形態。」

　　他接著討論到兩種不同層次的認知。「大部分往往是標準的那種認知，你可以靠意識思維來運作。但還有比較深的層次。我會把這種比較深的層次稱為『領悟』（knowing），而不是理解（understanding）。假定我被空投到矽谷的某種處境中，不是真正的問題，只是複雜、動態的處境，我試著要把它搞懂。我會觀察、觀察、再觀察，然後直接退省。要

是幸運的話，我就能聯繫上某個深層的內心狀態，並讓領悟湧現。」

　　他繼續說道：「你等了又等，讓經驗溢流成適切的東西。在某種意義上，沒什麼事好決策。要做什麼變得顯而易見。你急不得。它有很多是端賴於你從哪兒來，以及身為人的你是誰。這在管理上有很大的意涵。」接著他補充說：「我基本上就是在說，重要的是你是從自己內心的哪兒來。」

　　他所說的話深刻呼應了歐布萊恩和其他許多創新人士先前跟我們分享的事。領導者需要應對本身的盲點，並把關注力轉往本身在操作時所依據的內心狀態。與亞瑟交談獲致了兩項主要見解。第一，兩類的認知有所區別：正常（下載思維框架）對比較深層次的領悟。第二，如果要激發較深層次的領悟，你就必須走過與亞瑟的空投案例類似的三步式流程：

- 觀察、觀察、再觀察：連結到潛能最大的地方。
- 退省與反思：讓內在領悟湧現。
- 建構原型：依據當下所湧現的事物來行動

　　在和約瑟夫搭機回程時，我在一張紙上畫出了U型圖，以便在視覺上標繪出亞瑟所談到的三場運動（圖四）。

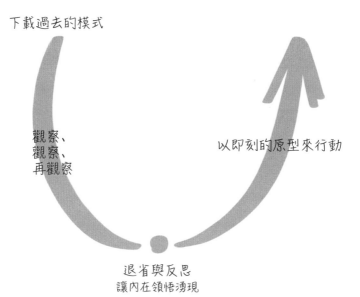

下載過去的模式

觀察、
觀察、
再觀察

以即刻的原型來行動

退省與反思
讓內在領悟湧現

【圖四】Ｕ型流程：三場運動

標繪較深入的地帶

來到幾個月後的二〇〇〇年一月，我有機會和認知科學家瓦瑞拉在巴黎見面。瓦瑞拉談到了認知與大腦研究的盲點。「問題並不是出在我們不夠懂大腦或生物學。」他說，「問題是出在我們不夠懂經驗……，我們西方的那種方法論取向有盲點。**每個人都自認了解經驗。我敢說並不是。**」

瓦瑞拉問說：「人能不能把變得覺知的核心流程耕耘為

能力？」瓦瑞拉表示，這道核心流程是由「變得覺知的三種樣態：懸掛、轉向和放下」所構成。

　　我們一起把三種樣態檢視了一遍。瓦瑞拉解釋說：「我所謂的**懸掛**，是指把所習慣的形態懸掛起來。在佛教的禪修中，你要把屁股置於坐墊上，比所習慣的參與度提升一個層次，並且從比較超脫的視野來看。」我們繼而討論到，有多少坐禪的人表示什麼都沒發生。為什麼？「因為整個重點就在於，在懸掛後，你必須忍受什麼都沒發生。」他說。「懸掛是非常好玩的程序。把這點顧好是關鍵所在。」

　　接著他解釋了第二和第三種樣態。**轉向**是在把關注力從「外部」轉向「內部」，朝向去注意思維流程的源頭，而不是物體。放下則必須柔性處理，他告誡說。

　　聽著瓦瑞拉說，我知道我以前就看過這三種樣態。一如其他的推展人員，我在與團體的團隊流程中看過很多次。走出瓦瑞拉的辦公室時，我立刻就看出可以怎麼把這些樣態標繪到U型上。**圖五**把它們標繪在U型的左側，是進入較深層覺知的門戶；然後來到右側，則有往上走的配對來與它們對照。

　　U型整合了兩種不同的時間觀：U的形狀是服膺東方的循環觀，箭頭則是取法西方的線性發展觀；而且就如同生態危機所證實，它同樣息息相關。**圖五**把這些觀點結合起來，並呈現出**U型理論的核心流程**，以及注意和共同塑造世界的

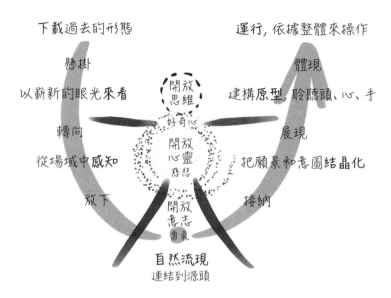

【圖五】U型理論：注意和共同塑造的七種方式

七種方式。不管是誰走過這道流程，都會體驗到認知社會場域如下的微妙轉變：

- **下載**：一開始是有變得覺知的火苗把我們轉移到下載之外（延續過去的形態之外）。只要是依據下載來操作，世界就會被舊有的思維習慣和過去的經驗凍結住；沒有新事物會進入我們的思維。舊的是怎樣就怎樣。

- **看見**：我們一把習慣性的評判懸掛起來，就會帶著嶄

新的眼光醒來。我們會對新事物加以留意，並把世界
視為一組在我們觀察者外部的物體。

- **感知**：當我們把關注力從物體**轉向**源頭，知覺就會變
  廣和深化。這樣的轉變會把觀察之管回頭彎向觀察
  者。觀察者和觀察對象間的分界則會開放。

- **自然流現**：進入靜止時刻後，我們就會**放下**舊事物，
  並連結到未來潛能的環繞區塊。觀察者和觀察對象間
  的分界會瓦解在使未來湧現的空間裏。

- **結晶化**：我們**接納**並結晶化了願景和意圖後，觀察者
  和觀察對象的關係就會開始翻轉。想像會從未來的場
  域（而不是我們的本位）中發生。

- **建構原型**：我們**展現**了原型後，就會從做中去探索未
  來。觀察者和觀察對象的關係會繼續翻轉。展現會從
  「和宇宙對話」（而不是我們的本位）中發生。

- **運行**：我們靠演進做法和基礎設施來**體現**新事物後，
  觀察者和觀察對象的關係就會完成翻轉。體現會從較
  大生態系統的脈絡（而不是小寫「s」的體制自我）
  中發生。

　　總而言之，U型理論的第一個關鍵構想涵蓋了從我們與
亞瑟的交談中所湧現出的**三場運動**：觀察、退省（又稱為靜
止）、行動，以及從我與瓦瑞拉的交談中所湧現出比較細微

的七點式U型。第三個見解和關鍵構想則是涉及內在領悟的手段。

內在領悟的三種手段

U型理論的中心是涉及歐布萊恩所談到干預者的內部面向。如今我會以三種手段來概括這個內在地帶：開放思維、開放心靈、開放意志（圖五）。

開放思維是指有能力把舊的評判習慣給懸掛起來，而以嶄新的眼光來看。**開放心靈**是指有能力發揮同理心（慈悲），並透過別人的眼光來看待處境。**開放意志**是指有能力「放下」舊事物並「接納」新事物。

以聆聽為例

聆聽，大概是最遭到低估的領導技能。以領導者的重大失敗來說，大部分問題在於，領導者常常無法連結和理解周遭的「VUCA」世界，也就是由多變（volatility）、不確定（uncertainty）、複雜（complexity）和模糊（ambiguity）所定義的世界。

不過，聆聽不只是對領導力重要。假如你不善於聆聽，在任何修練中要能做到真正精通就是緣木求魚。

我們推展過數百次的工作坊、課程和創新旅程，從中所

得到最一致的反饋是這點：轉變聆聽的調性就會改變人生。
把你是如何聆聽、你的注意方式加以轉變，這聽起來像是小
到不行的改變。但重點在這裏：改變你如何聆聽的方式，就
等於改變了你對於關係和世界的體驗。而且假如改變了這
點，你就會因此改變一切。

　　人可以多快就轉變聆聽和注意的方式，這真的很驚人。
但它少不了要下功夫：練習、檢討、同儕反饋和更多的練
習。如果要變得更善於聆聽，你就需要先了解聆聽的四種固
有原型（圖六）。

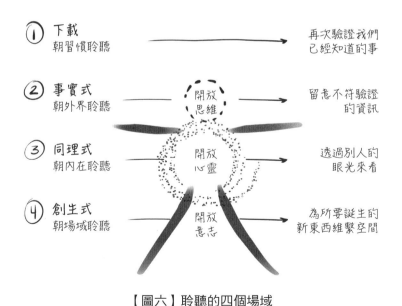

【圖六】聆聽的四個場域

這四類聆聽反映出了思維、心靈與意志在開放時的基本原則：

- **下載**：聆聽限於再次驗證我們已經知道的事。沒有新事物會穿過我們的泡泡。
- **事實式聆聽**：我們讓資料對我們說話，並留意不符驗證的資訊。這麼做有賴於開放思維，也就是有能力把我們的評判習慣懸掛起來。
- **同理式聆聽**：我們是透過別人的眼光來看待處境。這麼做有賴於開放心靈：把我們的感受和心靈當成機關來切換到另一個人的觀點上。
- **生成式聆聽**：我們聆聽是為了讓未來最高的可能性出現，同時為所要誕生的新東西維繫空間。

以第一層的「下載」來聆聽時，你的關注力不是集中於對方說了什麼，而是你本身的內在評論。例如你或許在盤算，接下來要說什麼。從下載跨越門檻來到事實式聆聽（第一到第二層）後，你的關注力就會從聆聽內在的聲音轉移到去真正聆聽面前的那個人。你對於正在說的話是抱持著開放。

從事實式開始跨越門檻來到同理式聆聽（第二到第三層）時，你的聆聽之處就從自己轉往了對方，也就是從你的小載具（頭的智慧）轉往較大的載具（心的智慧）。你跨入

了對方的觀點。例如你可能會想說:「哦,我或許不同意,但我可以看出她是如何看待這個處境。」

最後,從同理式跨越門檻來到生成式聆聽(第三到第四層)時,你的聆聽就成了維繫空間來把新東西化為想要誕生出來的現實。你在聆聽時,是對未知和湧現中的事物抱持著開放。

我在本身的工作中所學到的是,領導力和變革的成功是端賴於領導者能觀察到本身的聆聽特性,並依照各種處境需要什麼來調整聆聽的特性。

往U型左側下行時的三個敵人

較深入的聆聽地帶為什麼是比較沒人在走的路?因為它必須以一些刻意的內在修為來闡明盲點、我們的內在條件。要連結到U型底部的創意源頭,就必須跨越所討論過的三道關卡或門檻。**這趟旅程會這麼難走的原因在於,這些關卡往往是由三個「敵人」**(美國人會用的說法)或三股「**內在的抗拒之聲**」(歐洲人會用的說法)在把守,而各自擋住了這些較深入範疇的入口。

第一個敵人所擋住的關卡是開放思維。史丹福大學的麥可・瑞伊(Michael Ray)把這稱為**評判之聲**(Voice of Judgment,VoJ)。每項創意技能都是從這道指令起頭:把評

判之聲懸掛起來。它是至關重要的起點，因為少了它就會扼殺掉開放思維的創造力。

第二個敵人所擋住的關卡是開放心靈。我們姑且把這稱為**嘲諷之聲**（Voice of Cynicism，VoC），也就是所有情緒性的疏離舉動。當我們開始進入開放心靈時，重中之重是什麼？我們必須跟疏離相反，願意把自己置於對別人真正開放與暴露弱點的境地。

第三個敵人所擋住的關卡是開放意志。這是**恐懼之聲**（Voice of Fear，VoF）。它試圖阻止我們把我們有什麼和我們是誰給放下。它可能會表現為恐懼失去東西。或是恐懼遭到排斥。或是恐懼死亡。應對這股恐懼之聲正是現今領導力的中心：要維繫空間來放下舊事物，並接納或歡迎新事物。

要是去追溯「領導力」（leadership）這個詞的印歐語系字根，你會找到 *leith，意指「前進」、「跨越門檻」或「死亡」。想想這點：**領導力這個詞的字根意指「死亡」**。有時當你需要放手時，感覺起來完全就像是這樣：死亡。可是我們在過去二十年來所學到的事如下：必須先跨越微妙的內在門檻，新東西才能表現出來，「未來場域」才能開始嶄露。

往U型上方移動時的兩道障礙

一旦跨越了U型基底的門檻，有兩道主要的挑戰就會從

U型的右側往上移動。

　　第一道是要**避免無所用心的行動**（mindless action）。無所用心的行動是指不經任何學習就盲目實行抽象的構想。第二道挑戰則跟第一道相反：要**避免無所行動的用心**（action-less mind）或「分析癱瘓」（analysis paralysis）。分析癱瘓也許是所有建構原型的最大敵人：我們把事情討論到死，而不從做中去探索未來。所以這是兩道最大的挑戰：避免無所行動的用心和無所用心的行動。

　　因此在U型的兩側，最重要的能力就是「把它顧好」。重要的是既不要跳進去干預得太頻繁，也不要改走另一條劃清界線的路。「把它顧好」是指維繫空間來讓還沒出現的東西誕生，建造並演進維繫空間來讓新東西發展和誕生。

自然流現與故步自封

　　最後，U型第七個觀念涉及自然流現（presencing）與故步自封（absencing）的交錯。我們知道自然流現在世界上的量還不少：感知並落實未來最高的潛能。大部分的人在特殊時刻都體驗過。對於這種操作滿常發生的網絡、社群和地方，有很多人都知道。可是大部分的人馬上就會承認，與自然流現相反的故步自封大大加劇也是目前這個時代的特徵。**圖七**標繪了之前所討論過的三個「敵人」，但稍經修改：

- 無知：封閉思維（卡在單一真相裏）
- 仇恨：封閉心靈（卡在單一我們vs.他們裏）
- 恐懼：封閉意志（卡在單一意志裏）

依照這些原則來操作的社會系統會怎樣？它會靠築牆來打造出分隔用的建物。它會推展與我們周遭的世界（否認、去除感知）、與湧現中的世界（故步自封）脫節，而導致責怪他人（沒有能力反思）和毀滅（信任、關係、大自然、自我）。這個故步自封的循環描繪在圖七的上半部。

圖七的下半部所描繪故步自封的循環則是奠基於：

- 好奇心：開放思維
- 慈悲：開放心靈
- 勇氣：開放意志

依照這些原則來操作的社會系統會展現連結用的建物，而拆除分隔的圍牆。

社會場域

故步自封的循環和自然流現的循環代表了不同的社會場域。故步自封的循環所代表的場域是毀滅和社會冷漠。自然流現的循環所代表的場域是共同創造和社會溫情。各自的場域往往都會自我增強。例如一旦來到故步自封的循環內、毀

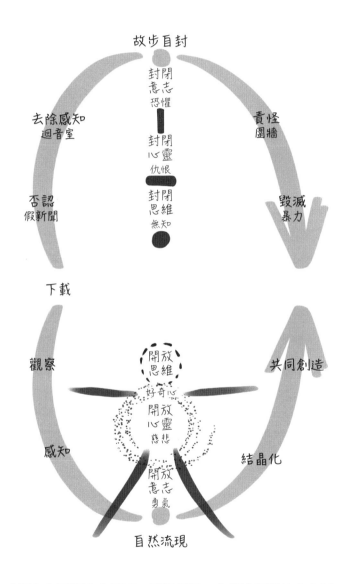

【圖七】兩種社會場域、兩種循環：自然流現與故步自封

滅的社會動態內，就會非常難以逃脫。

　　然而，現今大部分的人以及大部分的組織和較大的系統都在這兩個場域間體驗到了撕裂。自然流現的場域會在很多突破性的團隊、社群和基於慈悲的社會運動中體驗到。然而，故步自封的場域同樣是當前的主要特色。事實上，媒體和社群媒體的整個公共交談空間都成了故步自封而不是自然流現的巨型放大器。假如不以道德健全的意圖來運用科技，社群媒體的惡性影響力有個好案例是，在二〇一六年的美國大選期間，靠著憤怒、恐懼、仇恨和種族主義的煽動，以及俄羅斯政府和美國億萬富豪的金援，假新聞（fake news）和隱藏貼文廣告（dark posts）利用臉書助了唐納・川普（Donald J. Trump）一臂之力（BuzzFeed和其他單位曾廣為報導，民眾分享臉書上的假新聞內容比分享真正新聞網站上的內容要多）。

　　問題當然在於：我們可以如何創造機制來拓展自然流現的循環，以及充滿好奇心、慈悲和勇氣的社會場域？我們可以如何設計和創造善的科技與社群媒體？在本書的最末兩章，我們會回到這些問題上。到時候我就會分享，《赫芬頓郵報》（HuffPost）和自然流現研究院在二〇一八年發起令人興奮的聯合倡議。

第三章

社會演進矩陣

　　我最重要的見解之一是，找出學習和領導力的盲點。這個盲點涉及我們的行動和知覺據以形成的源頭。U型理論方法的目標，就是要把我們的關注力導向行動與思維的源頭。我們展現的思考、交談和組織形態，會創造全球世界的社會複雜性。我們可以如何來調查社會現實的創造過程？我們可以如何來掌握社會現實在行進時的創造過程？

社會場域的語法

　　在物理學中，我們學過當物質從一種狀態改變為另一種時，它的行為就會產生變化。例如在溫度低於結凍（華氏三十二度／攝氏零度）時，水就會形成冰。假如我們加熱，使溫度上升到超過華氏三十二度／攝氏零度，冰就會融化而變成液態水。假如我們繼續加熱，使溫度超過華氏兩百一十二度／攝氏一百度，水就會開始蒸發成水蒸汽。在這三種狀態中，水分子（H_2O）全都一樣，然而物質行為卻截然不同。其他的物質也是同樣的道理：分子一樣，但行為可能會改變。

　　在社會場域中，我們看到了可相提並論的事。當團體或系統從一種形態的集體行為（比方說故步自封）轉變為另一種（比方說自然流現）時，系統中的個人還是一樣，但其中的連結卻經過了徹底改變，這代表團體和它的成員都再也不一樣了。

　　類似的互動形態如何才能從一種狀態改變為另一種？假如歐布萊恩所言正確，干預的成功端賴於干預者的內在條件，領導力就是指有能力轉變我們在操作時所依據的內在狀態。一這麼做，我們就會轉變社會場域的狀態。而這點究竟是如何發生？

社會演進矩陣

　　第一個答案是，我們一開始要學會針對我們集體展現所創造出的社會現實來看到它的形態用語。這就是本章的焦點。U型不單是流程而已。它是以矩陣或場域來運作的非線性場域理論。

　　社會場域是從源頭的視野來描述我們集體展現出的社會系統，例如團隊、團體、組織或社會系統。「社會場域」這個詞是要闡明社會系統的內部性，並兼而從外在（第三人視角）與內在（第一人觀點）來描述這些系統。它是要調查在怎樣的內在條件下，社會系統就會從一種互動狀態轉變為另一種。

　　經過多年與團體和組織共事，我列出**社會場域**存在於各層次系統的**四種固有原型或特性**：從微觀到全觀。它們就概括在社會演進矩陣中（**圖八**）。

　　花點工夫來深究圖八，它扼要描繪了本章的根本。這份地圖闡述了社會系統在形式與特性上的樣貌，使我們得以確

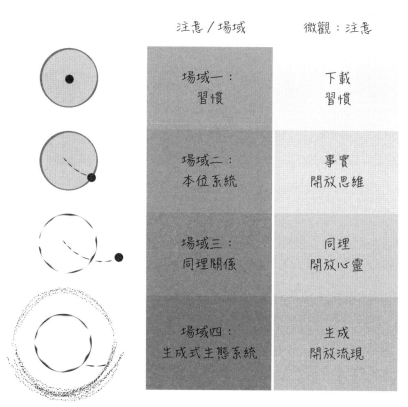

【圖八】社會演進矩陣

知自己的方位。

橫軸：系統層次

　　矩陣的四欄是在劃分個人、團體、組織和系統的行動。社會場域是透過四種主要的行動形式來展現在所有這些層次

中觀：交談	宏觀：組織	全觀：協調
下載 說話和善	集權 由上而下	1.0 階層
辯論 說話強硬	分權 部門	2.0 競爭
對話 探詢	網絡 利害關係人	3.0 利害關係人 對話
集體創意 行雲流水	生態系統 共同創造	4.0 ABC 覺知型集體行動

上：注意（微觀〔micro〕）、交談（中觀〔meso〕）、組織（宏觀〔macro〕）、協調（全觀〔mundo〕）。我們人就是透過這四種活動來集體創造我們所活出的現實。或者套句二十世紀末前衛藝術家約瑟夫‧波依斯（Joseph Beuys）的話，我們就是靠這些行動來創造並活出全球的社會雕塑。

縱軸：意識層次

縱軸是在描述社會現實的不同狀態或特性。還記得聆聽有四類嗎？我可以下載舊有的習慣，我可以抱持開放來聆聽事實等等。縱軸在概括這些聆聽特性時，是把覺知的場域狀態區隔為四種：習慣、本位系統、同理和生成。各種覺知狀態都有一定的特有形態或場域。它們是：

場域一：**習慣**。當個人、團體或組織以習慣性的場域覺知來操作時，就會以過去的經驗和習慣來解讀現有的處境。

場域二：**本位系統**。當個人或團體開始懸掛過去的假設，並試圖看見事情的「原貌」時，就會進入主觀─客觀覺知，而把觀察者和觀察對象清楚區隔出來。他們會開始留意新事物。

場域三：**同理關係**。當系統中的行動者把關注力從物體轉向源頭，並投入同理式的覺知時，就會從其他利害關係人的觀點來感知現實。他們會開始從新的視野來看。

場域四：**生成式生態系統**。當行動者放下舊有的認同時，共同創造覺知的新空間就會開啟。出自這類共有覺知的行動常被表現出眾的舞蹈與音樂合體以及運動隊伍形容為行雲流水。他們是依據湧現中的未來潛能來共同創造。

接著來看圖九中的小圖示，源頭的位置是描繪成從內向

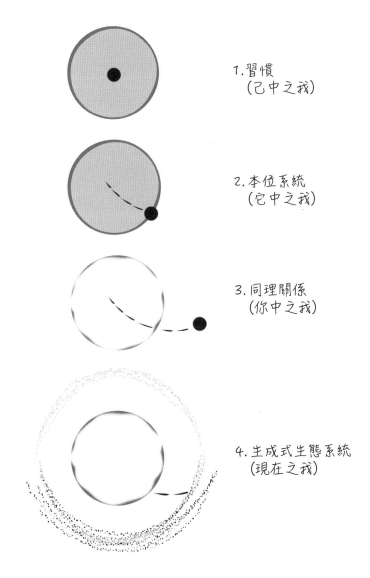

1. 習慣
(己中之我)

2. 本位系統
(它中之我)

3. 同理關係
(你中之我)

4. 生成式生態系統
(現在之我)

【圖九】關注力的四種結構

外移動的點（相對於代表系統分界的圓圈）。這些圖示是在
揭示關注力的四種結構，或是行動和關注力進入世界的四種
不同方式：

場域一：**習慣**。我的行動是來自本身的分界以內（己中
之我）。我的反應是由外在事件所觸發，並受過去的習慣所
塑造。

場域二：**本位系統**。我的行動是來自自身系統的外圍
（它中之我）。它是源自會分析與回應外部資料的主觀—客觀
覺知。

場域三：**同理關係**。我的行動是來自本身的分界之外（你
中之我）。它是源自與我溝通的對方在操作時所依據的內在。

場域四：**生成式生態系統**。我的行動是來自在我的開放
分界周圍環繞的區塊（我們中之我／現在之我）。它是源自
未來潛能的自然流現。

各項社會行動都是從關注力的這四個源頭或結構的其中
之一所湧現：系統以內、外圍、以外或環繞區塊。我們去看
周遭的社會現實時，大部分的時候都會看到個人、團體和組
織是依據頭兩種狀態或階段來操作。可是出色的領導者、啟
發人心的演出者、破壞式創新者和表現出眾的隊伍往往是依
據社會場域的整個光譜來操作，視所面對處境的需要來把四
個全部走遍。

就如同我們可以從不同的視野來看畫家的工作，我們也可以從成品的觀點（第一和第二層）、過程的觀點（第三層）或者空白畫布或源頭的觀點（第四層）來檢視社會行動。

尋找源頭

以下的故事是在揭示關注力的第四種狀態：現在之我。在多年前的某一天，我在菲克斯山谷（Val Fex）攀登阿爾卑斯山。這個小山谷在瑞士和義大利的邊界附近，緊鄰哲學家尼采常寫到的錫爾斯瑪麗亞（Sils Maria）。這個地區在歐洲是個特別的地方，因為它是三大河的分水嶺：萊茵河（Rhine）流向西北，因河（Inn）流向東北，波河（Po）流向南方。我決定沿著因河溯源。我向上游攀爬時，意會到自己在人生中從來沒有一路沿著溪流溯源。事實上，我從來沒看過大河的源頭到底是長得怎樣。

溪流變得愈來愈窄，直到比涓流大不了多少為止。不久後，我站在山谷寬口底的小水塘附近，被冰川覆蓋的山巔所圍繞。我站在那裏聆聽，訝異地意會到，有無數的瀑布從我周遭的山上傾瀉而下，而我就在它們的中央。它們所發出的聲音是你我所能想像到最美妙的交響樂。沒有單一的起源點。源頭環繞著我，從山巔的圓圈傾瀉而下，然後匯聚在小水塘的生態系統裏。我身旁的水塘就是源頭嗎？還是它在我周遭所有瀑布的交響樂區塊裏？關注力的第四種結構（圖

九）所體現和描繪的就是這種環繞區塊。

注意

我的注意方式塑造了我周遭的社會現實是如何展開。我（以這種方式）注意，故它（以那種方式）湧現。為什麼？因為**能量會跟著關注力走**。身為領導者、創新者、變革推手或家長，不管你把關注力擺在哪，周遭系統的能量就會往那裏去，包括你本身的能量在內。

假如**能量會跟著關注力走**的原則為真，我們就需要耕耘並集中本身的關注力。在大家所處的文化中，科技與多工都抑制了我們持續集中注意的能力。就我們持續注意的能力而言，最大的敵人當然就是自己的口袋，智慧型手機一會兒對我們有幫助，一會兒卻使我們分心。研究顯示，放在桌上的智慧型手機就算是擺成正面朝下，你連看都沒看，它還是會損耗你的腦力。

能量會跟著關注力走意謂著，出色領導力和突破創新的關鍵是繫於我們持續注意的能力。但這並非全部。從U型理論的視野來看，我們要聚焦的不只是什麼、所注意的是什麼，更要做到這點的還有源頭：我們的關注力所源自的部位。

我在之前介紹過四類不同的聆聽，各是依據不同的源頭來操作（圖六）：

- 依據我的過去經驗：習慣式聆聽
- 依據我的開放思維：事實式聆聽
- 依據我的開放心靈：同理式聆聽
- 依據我的開放意志：生成式聆聽

假如領導力的根本是繫於我們能轉變本身在操作時所依據的內心狀態，那這就代表我們需要去培養依據所有四類聆聽來操作的集體能力，以迎合局面的要求。

我們要怎麼培養這種能力？靠練習。每天練習。

下載。每當你坐在會議中，所發生的每件事都驗證了你所預期的情形時，那你就是在下載。下載不好也不壞。它或許適合某一種處境，卻不適合另一種。它就是其中一類聆聽而已。但假如它是你知道要怎麼聆聽的唯一方式，而且假如你剛好是在破壞式變革的環境中操作，那你很可能會遇到麻煩。

事實式聆聽。從下載轉移到事實式聆聽還滿容易做到：就是去注意最令人訝異、最出乎意料或最有意思的事。耕耘你的好奇心，去注意每件跟你原本的預期有所出入的事（也就是不符驗證的資料）。例如把這些觀察記在日誌裏，以確保自己不會漏掉。

同理式聆聽。要從事實式轉移到同理式聆聽，你就必須從另一個人的視野出發。要走這步，你就必須愛對方，以激

發心靈的智慧。有時候這不見得容易。在這樣的情況下，你可以從找出對方身上真正使你感興趣的事、觸動你去欣賞的事做起。以這種方式來「啟動」心靈有助於你激發同理式聆聽的源頭。

生成式聆聽。從同理式轉移到生成式聆聽最為棘手。它是強迫不來的事。你可以為生成式聆聽創造條件。在這個層次上，最重要的干預是這點：無為。不要干預。不要劃清界線。就是把湧現中的事顧好，並為它維繫空間。

我常覺得，聆聽之於交談就好比熔接焰之於金屬塊。當你把它短暫應用在處境中或物體上時，會發生什麼事？不會。可是假如你把那道火焰一直對準金屬塊，過了一陣子，金屬就會從固態改變為液態；你突然就能把金屬鑄造為不同的形狀。交談所發生的事也一樣：隨著你不斷應用深入聆聽，久而久之，交談就會下探較深的層次、不同的狀態。

交談

關於人是如何注意周遭的社會現實，聆聽是個案例。可是回到矩陣的樣貌上：下一個系統層次的行動什麼？交談。**交談會創造出我們在團體、組織和社會中所應對的世界。**

一、交談是發生在場域中，也就是團體中的交談往往是依循特定的形態，而且那些形態鮮少改變。

　　二、交談有一套有限的場域形態，意思是交談有一套可以在社會環境中創造出來的有限特性。依我所觀察，如圖十所示，交談的四個不同階段或特性為：**下載**（場域一）、**辯論**（場域二）、**對話**（場域三）、**集體創意**或**自然流現**（場域四）。

　　領導力的藝術就是看在特定的脈絡和處境中需要什麼，而推展交談從一個階段轉變到另一個。

下載：展現場域一的交談

　　「你好嗎？」「我很好。」

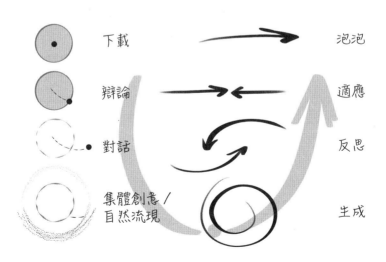

【圖十】交談的四個場域

　　組織的正式會議有很多都是用這種儀式性的用語來進行。要在這樣的交談中有效操作，參與者就必須遵從講客套話的主導形態，而不是把真正的心聲說出來。在念書時，我們會學著去說老師想聽的話。接下來，我們會用同樣的招數應付老闆，並在組織當中出人頭地。假如它對我們個人管用，那它有什麼錯？

　　問題在於，這類交談如果從組織學習的觀點來看，很容易導致全然失靈的行為：它會阻礙團隊去談論究竟是怎麼回事。他們會在別的地方談論實際情況，在停車場、在回家的路上。但在職場和會議上，當每個人所做的事只剩下講客套話時，他們的時間就浪費掉了。

　　下載交談純粹是在重彈老調。就如同當我在下載時，我對世界的知覺是受限於本身既有的思維框架與樣板，交談式下載所勾勒的只有那些（參與者所體驗到）符合團體主導架構和交談形態的現實層面。所說的話（「我很好」）和真實的處境（「我快死了」）落差愈大，系統邁向某種破壞或崩壞的機率就愈高。

辯論：展現場域二的交談

　　「你好嗎？」「我很慘。」

　　場域二交談的確切特色是，參與者會吐露心聲。例如在二十年前左右，有一次有觀眾朋友告訴我，他完全聽不懂我

的演說。另外一個案例：有員工告訴執行長，他的一些經營之道既有害又空洞。這幾種發言都會造成緊張，每個人都會覺得不自在。這種交談捨棄了遵循規則的用語，而改採比較強硬的交談類型，個人也敢於有所不同。

進入場域一交談的門票是（不成文的）**遵從**要求。場域二交談的入場券是願意採取**不同的**立場。如果要在場域一交談中得到一些發言時間，你就必須遵從其他人（通常是老闆）的觀點。在場域二中，你則會表示不同的觀點。就如同在個人知覺上，從下載轉變為看見代表對不符驗證的資料是抱持著開放。場域二交談必然是對挑戰主導視角的觀點抱持著開放。

這種互動所導致的結構常常是辯論。「辯論」這個詞在字面上是指「對抗或打倒」。人們用自己的論點來打敗或壓倒對手，任何他認定有不同意見的人。

辯論和表達相異的觀點在組織裏可能會有用，因為它是把所有的意見都端到檯面上。在許多亞洲文化中，要讓參與者進入場域二，最好的辦法就是把人們丟進小團體，並容許每個人分享自己對於主題的觀察與觀點。這個過程比較像是對不同的觀點腦力激盪，而不是辯論。在跟自己的老闆正面遭遇時，這對於保留顏面的課題會有所幫助。不過，它所劃下的基本底線還是跟場域二大同小異：表達多元的觀點。

但假如有課題必須靠團隊成員反思，並改變思維習慣與

引導假設，那就需要有別於辯論的交談類型，好讓參與者意會到，就像我同事兼《深度匯談》（*Dialogue: The Art of Thinking Together*，繁中版由高寶出版）作者艾賽克喜歡說的，「我不是自己的觀點」。我可以把本身的觀點懸掛起來，並且去看別人的假設。但如果要這麼做，我就需要移入場域三。

對話：展現場域三的交談

「你好嗎？」

「不確定。但你好嗎，朋友？」

「也不確定。我也有不安的感覺。」

「噢，真的嗎？還挺有意思的。跟我說說看，是怎麼回事？」

對話（dialogue）是來自希臘文 logos（文字）或（意義），以及 dia（經由），可按字面翻譯為「意義行經」。

要從辯論（場域二）轉移到對話（場域三），交談在操作時所憑藉的關注力就得在集體的場域結構上深度轉變。就如同要在個人層次上從看見轉移到感知，就得從把世界當成一組外部物體來面對，轉變為從場域來體驗世界；要從辯論轉變為對話，也得從試著打倒相反的觀點，轉變為探詢彼此的觀點，以同理心來朝對方聆聽。

當這樣的轉變發生而使交談進入對話的場域時，你的視野就會變廣而把自己涵蓋進去，你會從把世界視為一組外部

物體，轉移到從整體來看待世界和自己。

集體流現：展現場域四的交談

第四層的生成式交談會孕育出新的構想、想像、認同和受啟發的能量。案例包括表現出眾的運動隊伍、爵士合奏，以及在其他團體中，樂手在聆聽自己的同時，也聆聽湧現中的集體樂章。當聆聽與交談的特質移入生成階段時，人們的經驗就會顯著變化。

在場域四交談中，「你好嗎？」的案例達到了極限。轉入這個集體流現的較深層場域常是發生在過渡的靜止時刻。這就是為什麼想要進入這個最深層次的團體常會用刻意靜止來當成門戶。它是「無為」的空間，既不過度干預，也不劃清界線。

當這個較深層的生成式場域激發時，我們通常會體驗到時間變慢，空間打開、變廣，放下小我，同時自我─他人的分界也會對集體流現開放，而交談似乎就是由此所流出。我在生成式對話中常體驗到的是，構想會集體湧現。人們再也不是說：「這是我的構想。」相反地，團體是一起投身於思考的藝術，由一個構想帶動另一個。這類交談的影響力可能會很深遠，而塑造或重塑人的一生。

有許多老經驗的從業人員、創新者、頂尖運動員和出色的演出者都對這些轉變瞭若指掌。傳奇籃球員比爾・羅素

（Bill Russell）在他一九七九年的著作《復甦之風》（暫譯，
Second Wind: The Memoirs of an Opinionated Man）（藍燈書
屋〔Random House〕，頁一五五至一五八）裏，就寫過這些
特殊時刻：

> 　　賽爾提克隊的比賽不時就會升溫，使它變得不只是
> 肢體甚或思維上的比賽，而且會很神奇。那種感覺很難
> 形容，我在打球時肯定從來沒談過。當它發生時，我可
> 以感覺到自己的打法提升到了新的境界。它鮮少出現，
> 會持續五分鐘到整個球季或更久不等……它不只會籠罩
> 我和其他的賽爾提克隊員，還有對方的球員，甚至是裁
> 判。
>
> 　　來到那個特殊的境界，各種怪事都會發生：比賽會
> 進入白熱化的競爭，我卻怎樣都不覺得競爭激烈，這本
> 身就是奇蹟了……比賽會進行得快到使每個假動作、切
> 入和傳球都讓人吃驚，卻沒什麼事能讓我吃驚。它幾近
> 於彷彿我們是用慢動作在打球。在這些魔力下，我幾乎
> 可以感知到下一波攻守會怎麼發展，下一顆球會從哪裏
> 投出……我的預感會一直很準，而且我在那時候隨時都
> 覺得，我不但打心底懂所有的賽爾提克隊員，以及所有
> 的敵對球員，他們也全都懂我。
>
> 　　在我的生涯裏，我曾有多次覺得感動或愉悅，但在

這些時刻，卻是涼意在我的背脊裏上下流竄。

組織

全球組織是我們這個星球表面的新物種，不到兩個世紀就進展到統治全世界的物種。組織在根本上，就是權力的幾何學。它構築了我們的集體決策。要是去看組織的演進，我們會看到四個不同的階段：集權、分權、網絡、生態系統。對於組織是如何操作，它反映出了不同的階段或特性。我們需要的是，根據組織的需求發展允許組織轉型與進化到下個階段的工具。

集權

在一・○的組織結構裏，決策權是位在金字塔的頂端。它是集權式，由上而下，常有形式化的角色。只要在頂端的人（或核心團體）十分優秀，而且組織相對小與機動，這些一・○結構就會運作順利。不過，一旦組織或公司開始成長，它們就需要分權，以便把決策轉移到較接近市場、顧客或居民。所形成的二・○結構則是兼而由階層與競爭來定義。

分權

在二・〇的組織結構裏，分權使權力的源頭能轉移到較接近外圍。結果就是結構在功能、部門或地理上有所區隔，使決策較接近市場、消費者、社群或居民。二・〇結構的優點是，它的部門或單位、它的當責（accountability）全都有類似創業上的獨立性並以考績為焦點。缺點則是，沒有人來管理互賴性，以及各單位間的三不管地帶。這就把我們帶向了三・〇結構。

網絡

在三・〇的組織結構裏，權力的源頭轉移得離中央更遠。它是在組織的傳統分界外所形成。結果就是結構扁平化和網絡關係崛起。權力從關係湧向了跨越分界的多個利害關係人。有多少人向我呈報，不如我在組織內外的利害關係人關係，或是有多少人在臉書和推特上追蹤我來得要緊。

三・〇結構的優點是賦權與網絡式的利害關係人連結。缺點則是在面對破壞或遭到既得利益牽制時，弱點會放大，因為小團體在組織遊說活動時，可能會比大團體要容易得多。

生態系統

最後，四・〇結構或生態系統結構在操作時，靠的是連

結和耕耘以共有目的來組織的整個活生態系統。集群
（swarm；由個體的自主性聯手創造出集體的智慧）組織以及敏捷
式（agile；以靈活度來適應不可知的未來）或青色型（teal-
based；把組織和個人都視為有機體，注重自我管理）組織全都是
奠基於在共有目的與體制互賴的脈絡中，所自我組織起來的
圈子結構。隨著決策更進一步推展到組織的前線（賦權），
只有當參與者的心態達到了從本位系統轉變為生態系統覺知
的程度，這些扁平化與流動的決策結構才會運作順利。這表
示決策圈要培養依在地知識來行動的能力，同時對跨組織的
互賴有所覺知，並以共有目的為準繩。

體制翻轉

　　現今的組織結構在演進上所呈現出的形態很清楚：體制
翻轉（institutional inversion），也就是把內外翻面。翻轉的
簡單案例如下：把襪子拿在一隻手上，另一隻手伸進它的內
部深處，把腳趾拉出來，直到內層外翻為止。在組織的脈絡
中，翻轉可應用在管理的許多核心功能上，明證就在於所崛
起的群眾外包（翻轉研發）、群眾募資（翻轉金融）、群智，
以及其他許多駕馭集體智慧的方式，都是把由上而下的孤島
式結構翻轉成分散式組織。

　　因此，體制翻轉是深度開放的過程，要把權力的源頭從
頂端／中央轉變為環繞區塊。我們來看個案例。

地區生活經濟商業聯盟：從白狗咖啡廳所發起的運動

地區生活經濟商業聯盟（Business Alliance for Local Living Economies, BALLE）有兩萬兩千個會員，並且是北美成長最快的社會與環境責任商業網。

地區生活經濟商業聯盟的起源，要追溯到費城的白狗咖啡廳（White Dog Café），它的創辦人暨前店主茱蒂‧威克斯（Judy Wicks）是回憶錄《一張六十億人都坐得下的餐桌》（*Good Morning, Beautiful Business*，繁中版由臉譜出版）的作者。在二十五年的期間當中，茱蒂首創了一連串劃時代的商業做法，包括與在地農戶的直接合夥關係，以及永續和在地外包。

隨著她採用這些做法，白狗咖啡廳也變得更加興旺與成功。但茱蒂並沒有停駐在這樣的成功上，反而決定做一些不同的事。她意會到，假如她真的關心社區與環境的福祉，她就需要幫助競爭對手學會要怎麼去做她已經在做的事。

威克斯曾在二〇一一年接受麻省理工的伊麗莎白‧哈菲克‧墨雷諾（Elizabeth Hoffecker Moreno）訪問，並收錄在我的著作《U型變革》（暫譯，*Leading from the Emerging Feture*）裏。她說：「那是轉型的時刻，我意會到永續商業沒有所謂的一家之事，無論我公司內的做法有多好，無論我有沒有堆肥和回收，向農戶購買，使用再生能源等等，它都是

杯水車薪。我必須走出自家公司，開始與別人合作共事，尤其是跟競爭對手，並依照那些價值來建立整個系統。」

為了邁向這樣的環境，茱蒂在二〇〇一年成立了白狗咖啡廳基金會，並靠餐廳的部分獲利來資助。基金會的第一件案子是公平糧食（Fair Food）（www.fairfoodphilly.org），原本的目的是要為白狗咖啡廳的競爭對手提供免費諮詢，包括費城的主廚和在地餐廳業主，以教他們要怎麼向在地的家族農場購買人道飼養的豬肉和其他產品，以及這樣做的重要性。

也是在基金會的旗下，茱蒂在二〇〇一年時共同創辦了地區生活經濟商業聯盟來建立地方型商業網，所用的做法則是能擴展且替代公司或連鎖式經營的經濟。因此，威克斯和白狗咖啡廳的故事是從簡單的結構開始（集權），後來蛻變為比較分權的網絡式結構（以基金會來幫助競爭對手），最後形成了由目的來驅動的地方型商業社群生態系統。

如今在大部分的產業裏，這種演進形態都很明顯。要是去看時裝業的永續作為，或是運輸和能源的「潔淨破壞」，你就會看到挑戰在於，產業上下都必須以新的形態來協作與學習。

協調與治理

第四種主要行動（圖八中的全觀層次）涉及了治理和連

結到社會層次的社會系統。塑造社會的主導因素是我們的經濟體系。勞動力的分布則是現代經濟的生產力驚人躍升的關鍵。但它所伴隨的疑問是：我們要怎麼協調整體？在近期的歷史中，我們看到這個疑問有三種不同的回應，也就是三種不同的協調機制，如今則看到了第四種崛起。

英國歷史學家湯恩比（Arnold Toynbee）表示，社會進步是在挑戰與回應的交錯下發生：當社會的菁英再也無法有創意地回應重大的社會挑戰，結構變革就會發生；舊的社會形成結構則因此被新的所取代。針對現今資本主義在協調上的挑戰，我們來套用湯恩比的架構，並簡短回顧它迄今為止的演進。

社會一・〇：圍繞階層來協調

想想一六四八年三十年戰爭結束時的歐洲。想想一九一七年十月革命後的俄羅斯；一九四九年國共內戰後的中國；或是約莫在蘇卡諾（Sukarno）當上首任總統時的印尼。動盪使人覺得需要安定，也就是看得見的強勢作風，有時以鐵腕為形式，以藉此提供安全，加上大刀闊斧地分配稀有資源來配合深切需要的公共基礎建設投資。就這點來說，我們可以把二十世紀在蘇聯的社會主義看成並非是經濟發展的後資本主義階段（根據馬克思理論），而是前資本主義（準重商主義）階段。社會發展在這個階段的核心特徵是，強勢的中

央行動者掌握了整體的決策權。

社會二・〇：圍繞競爭來協調

國家驅動型社會的正面成就是安定，主要是由場域一的結構來驅動。中央的權力創造出結構和秩序，使之前的混亂獲得平定。社會一・〇的壞處則是缺乏動能，在大部分的情況下也缺乏個人的自主與自由。

在歷史上，社會對安定的挑戰應付得愈成功，這個階段的後續焦點就愈有機會從安定轉變為成長和增進個人的主動性與自由。這樣的轉變會造就出市場和有動力的創業部門來為經濟成長添柴火。

在這個關口，我們會看到整套的體制創新，包括導入市場、財產權和銀行體系來流通資本。這些變革推展了十九世紀的歐洲在經濟成長上出現前所未有的暴衝和大舉工業化，以及如今我們在中國、印度、印尼和其他的新興經濟體所看到的現象。

依照圖八中的術語，這個二・〇的發展階段主要是由場域二的結構來驅動。在此期間的覺知可描述為本位系統覺醒，為它賦予生命力的則是經濟參與者的自利。這個階段的黑暗面包括負面的外部性，像是無止境的商品化和料想不到的副作用，包括童工、販賣人口、毀滅環境，以及程度駭人的貧窮與不平等。

社會三・〇：圍繞利益團體來協調

　　放任式自由市場經濟的偉大成就是成長與動能；壞處則是對它所造成的負面外部性束手無策。矯正這些問題的措施包括導入勞動權、社會安全、環保，以及保護本國通貨的聯邦準備銀行。這一切在設計上都是為了做同一件事，那就是在不受約束的市場機制不管用的地方對它加以限制。

　　這個階段所導致對體制架構的監管與變革代表了第三種協調機制的成效：由有組織的利益團體來協商和對話。

　　部門會隨著社會演進而區隔：先是公家或政府部門，再來是私人或創業部門，最後是公民或非政府組織（NGO）部門。各部門都有本身的一套賦能體制。透過財富重分配、社會安全、監管、補助等等，利害關係人資本主義（社會三・〇）對傳統的外部性應付起來相對妥善。不過對於當前的全球挑戰，包括產油頂峰（peak oil；石油產出率盛極而衰）、氣候變遷、資源匱乏、大規模移民和人口結構變化，它卻無力反應。三・〇社會的侷限和偏差在於，它有利於特殊利益團體，對負面的外部性反應被動，而且刻意創造正面外部性的能力有限。

社會四・〇：圍繞整體的共同覺知來協調

　　二十一世紀的問題不能用二十世紀解決問題的詞彙來因

應。所描述的演進階段各是以不同的覺知狀態來操作：一·○社會的經濟是靠首重傳統覺知來操作；在二·○的經濟中，我們則是看到自利或本位系統的覺知在覺醒。

在三·○的經濟中，這種自利被其他利害關係人的自利所變廣和減緩。他們會集體組織起來，透過工會、政府、非政府組織和其他實體把自身的利益送上台面。

在湧現中的經濟四·○階段裏，參與者出於天性的自利延伸到了整個生態系統的共有覺知上。生態系統覺知有賴於我們開放心靈，並把其他利害關係人的觀點與關切事項加以內化。結果就是決定和成果所加惠的是整個系統，而不是只有屬於我的那部分。

四·○經濟的詳情可參見第六章和《U型變革：從自我到生態的系統革命》（Berrett-Koehler Publishers，二○一三年）這本書。

場域一到場域四：翻轉之旅

假如把圖八中所描繪的社會演進矩陣當成診斷工具，我們就能輕易看出組織與社會變革在現今的主要問題：**我們試著以侷限於第一到第三層的回應與慣例來解決第四層的問題**，而忽略了愛因斯坦的名言：「問題無法靠造成它的相同層次思維來解決。」

　　那我們要怎麼幫助個人、團體、組織和系統來提升能力，以便在需要時橫跨整個矩陣來操作，而不是限縮在第一和第二列裏？

　　我們在本書稍後會來因應和回答這個疑問。現在所要談的是，我們在本章的一開始有聊過，當我們先後對冰與水加熱，就會發生狀態從固體轉變為液體和蒸汽。要是去看矩陣的各欄（圖八），你會看到社會場域的各種演進狀態與階段。此處最大的見解在於，**覺知和意識沿著矩陣縱軸的轉變在（圖八）各欄都一樣**。我在走出瓦瑞拉的辦公室時，所得到的重大見解就在於此。

　　我們從矩陣的第一層往下轉移到第四層，就是在經歷**開放**與**深化**的過程。「開放」是指要把我們小宇宙內的東西變成周遭更廣的大宇宙一部分：一開放了思維、心靈和意志，我們就會開始連結環繞我們的智慧：**集體的思維、集體的心靈**，以及**湧現中場域的意圖或意志**。

　　「深化」是指要把外在的東西給內化，以深化自身的內部性。而內外翻面的過程合起來就是我所稱的**翻轉**。

　　如果要當個稱職的領導者或變革推手，我們就需要經歷同樣的翻轉：對環繞我們的智慧抱持開放，並深化自身的內部性。

　　從第一人的視野來看，這樣的生成式場域經驗是長得怎樣？我和同事所體驗過的改變包含下列（圖十一）：

- **時間變慢**。「它幾近於彷彿我們是用慢動作在打球。」就如羅素所說,當下和湧現中未來的分界瓦解了。
- **空間變廣**。在團體流程深度轉變的時刻,參與者常會感知到環繞的集體空間變廣,尤其是會往上。
- **自我—他人的分界瓦解**。對於自身球隊和對手的分界瓦解,羅素寫道:「它不只會籠罩我和其他的賽爾提克隊員,還有對方的球員,甚至是裁判。」
- **自我開始「放下小我」**。這種覺知有時候又稱為全方位覺知。羅素指的似乎是整個場上的全方位覺知,包括「所有的敵方球員」。
- **物質性改變**。物質的特性和感官知覺也會轉變。例如在社會自然流現發生的時刻,工作坊的參與者常會回報光的特性「變密」與「溫暖」了。
- **媒介改變**。從重複規則到生成規則或「依據源頭來操作」。依據源頭來操作常會伴隨著流現的經驗,它不是以我為中心,而是**透過我來操作**。
- **思考改變**:從習慣性的思考到依據源頭的**自然流現**來思考。

使系統感知並看見自己

凡是活在本世紀並觀察我們是如何集體展現社會場域的

人，可能都自行填寫過兩份表（圖八和圖十一）中的格子。
看這些表就像在照演進的鏡子，會看見我們個別和集體展現
出的形態。它是橫跨矩陣層次的形態用語，**把觀察之管回頭
彎向了我們演進中的自我。**

這場有時看似在倒退的演進運動（如我們在川普當政的
時代所見）是以什麼為驅力？驅力主要有兩股。一是從外在

場域	時間	空間	他人
場域一： 習慣	不予體現	一度	遵從
場域二： 本位系統	分秒	二度	正面遭遇
場域三： 同理關係	變慢	三度	連結
場域四： 生成式 生態系統	靜止／時光	四度	集體流現

【圖十一】社會演進矩陣：第一人觀點

作用：破壞的挑戰迫使我們停下腳步、放下與接納。我們所談到正在發生的生態、社會、精神和數位破壞就嶄露了這點。

另一股驅力則是從內在作用：新的覺知以及與彼此、地球、未來可能性的新連結感自動覺醒。要怎麼跨越門檻來到我們較深的覺知源頭，這就是第四章的焦點。

自我	物質性	媒介	思考
習慣	付之闕如	重複規則	依據所習慣的形態
理性	資源	實現規則	依據頭腦
關係	生命系統	反思規則	依據心
更高的自我	生命流現	生成規則	依據自然流現／整體

第四章

針眼

　　我在與團體和組織共事時，常會體驗到某一刻感覺起來就像是逼近了U型底部的門檻。假如沒跨越那道門檻，所有掛在嘴上的變革就是空洞而脫節。我有時會把這道門檻稱為針眼。在古耶路撒冷，有一道門被稱為「針」，它窄到當載滿貨的駱駝走近時，騎駱駝的人必須把包袱全部卸下來，駱駝才過得去。在提到當時這幅著名的景象時，耶穌說：「駱駝要走過針眼，比有錢人要進入天國容易。」同樣地，為了跨越U型基底的門檻，我們就必須把不必要的一切都拋開。

　　我在不少自然流現靜修會裏看過這種微妙的轉變。當人們從在大自然的獨處經驗中回來後，不管是過了一天、兩天還是短短半天，你就會立刻看見並感知到調性的轉變。在獨處過後的圍圈分享中，當參與者反思自身的經驗時，有很多人一談起自己的人生和工作旅程，彷彿有一雙新的眼睛已為他們張開。他們會從較高的制高點來看自己，並把旅程視為整體，而不是一連串的日常處境。他們會看出自己所習慣的形態、較深的意圖、對自己最要緊的是什麼、對自己和社群的志向。總之，凡事都不一樣了。

　　跨越那道門檻代表要願意放下。放下舊的形態、假設，甚至是舊的「本位自我」。唯有如此，才有可能步入我們的休眠潛能、湧現中的「大我」。

　　它聽來或許抽象，但並非如此。就像我的同事友人聖吉喜歡指出，它很微妙。我就用兩則故事來說明這點，其中所

發生的事改變了我對於自己是誰的感知。本章會探討比較個人面的轉變，其餘各章則會探討組織和系統面。

「我對你有很深的期許」

我在德國維藤─赫德克大學（Witten/Herdecke University）的學生時代，念的是經濟和管理。我和一些同窗也會針對我們有興趣的哲學家來研讀他們的著作。

其中包括柏拉圖、亞里斯多德、尼采和一些當代哲學家。有一位是維多里歐・賀斯勒（Vittorio Hösle）；他受到黑格爾（G. W. F. Hegel）所啟發，把我們當前的生態危機串聯上哲學思維的演進。把他的著作讀了一千多頁後，我才總算敢向他的辦公室請求拜會（當時他在埃森大學〔University of Essen〕任教，離我就讀的大學不算太遠）。

他答應了。進到他的辦公室時，我的心狂跳不止。我在想什麼？我是個沒沒無聞的學生，怎麼能請求去拜會在我的智識天地裏幾乎是跟柏拉圖、亞里斯多德或老子同等級的人？他非常親切，回答了我所準備的每一道問題。令我吃驚的是，他簡直是把我當成同儕來對待。我很驚訝，簡直不敢相信。然後突然之間，我們的時間就到了。

我在收拾記錄設備時，賀斯勒突然轉身對我說：「你知道，我對你的將來有很深的期許。」

　　什麼？他是在對誰說？我嗎？不可能。可是現場並沒有別人。時間停頓了下來。我恍然大悟，也許他的說話對象不是我知道的那個自己。也許他是在對另一個部分的我說話，他看得見，而我看不見。這一切都發生在也許是五秒內，然而感覺起來卻像是過了半個永世。在那一刻，我有種奇怪的感覺是，被稍稍往上帶入那未知充滿可能性的空間裏。

　　我離開賀斯勒的辦公室時，再也不是原來的我了？我拜會的哲學家、老師在學生身上所看見的東西已埋下了種子。它是覺知的種子，讓學生沒那麼有把握，也許比較不死板，而且對超出自身想像的未來可能性比較開放。好玩的是，一九九九年時，賀斯勒從德國搬到了美國，此後便在聖母大學（University of Notre Dame）任教。從大約二十五年前的那次交流後，我跟他就沒有過任何直接的互動了。

物質與心智重新整合

　　再往前快轉三年。搬到麻州劍橋後，在管理顧問公司麥肯錫（McKinsey & Company）贊助下，我對創新人士展開了第二輪訪談。其中一位是彼得·聖吉，彼得一開始就談到了近期在香港的經驗。「我跟南師的交談很有意思，南師就是中國禪宗大師南懷瑾，」彼得說，「在中國，他是非常受到崇敬的人物。他被視為不世出的學者，因為他把佛、道、

儒融為一體。我問他：『您是否認為工業時代會製造出那種使我們毀滅自己的環境問題，所以我們必須想辦法改變工業體制？』」

南師停頓了一下，以搖頭來回應。彼得繼續說道：「他不完全認同這點。那並不是他的看待方式。他看得比較深層，而且他說：『世界上只有一個課題。那就是物質與心智重新整合。』他一字不差地這麼說，**物質與心智重新整合。**」

我聽著彼得的故事，那些話深深打動了心弦。我感覺到有個根本問題正慢慢在腦海中成形：在現今社會的脈絡中，心物的分隔究竟是什麼意思？我想起了父母在農場上的工作。收成是看得見的農作結果，所仰賴的是土壤的特性。所以，我不禁想說：「**要是看得見的社經成果在特性上是取決於看不見的社會土壤，而且它就存在我們的知覺盲點中呢？**」

系統思考的根本

我問聖吉說，就我們的組織界而言，他是怎麼看待心物的分別。他回答說，組織是依照人類創造它的方式來運作。然而，這些組織內的人卻堅持他們的問題是「系統」所造成。永遠是外來的東西，某種強加在他們身上的「事物」。所以現實或許其實是：思想創造出組織，然後組織把人類囚禁

起來，或者像量子物理學家波姆（David Bohm）經常掛在嘴邊的這句話：「思想創造出世界，然後說：『不是我幹的！』」

聖吉繼續說：「在我看來，系統思考是怎麼回事，根本就在於此：人開始有意識地發覺和釐清，本身的思維與互動形態是如何大規模地嶄露，並創造出後來使組織用來『對我幹好事』的那些力道。然後他們就完成了那個反饋迴路。我在諮詢中所看過最深刻的經驗永遠是在人突然像這樣說話的時候：『媽呀，看看我們對自己幹的好事！』或者『我們竟然是這樣操作，難怪贏不了！』而對我來說，在這些時刻中，至關重大的永遠是我們。不是『你們』，不是『他們』，而是『我們』……真正的系統哲學會關閉反饋迴路，也就是關掉那個人們、他們現實的經驗，和他們在覺知與行動循環中具有參與感的迴路。換句話說，遇到一個情境時，不要產生反饋。」

我讀過不少系統思考的書，但從來沒這麼清楚簡單地思考過：當系統在行為層次上的展現和它在覺知與思維層次上的源頭之間出現反饋迴路時，系統思考的根本就是要幫助人把它關掉。

聖吉默默回應了這段評論：「對，我想在以往的任何時候，我從來都沒以這種方式好好思考過。」

我從那段交談中離開時，成了不一樣的人。有微妙的東西在我的內心重整及轉變。感覺上我彷彿不知怎麼就觸及了

自身疑問的根本層面。我無法把疑問充分表述出來,但我能非常強烈地感受到它。它很確實,顯著的體感持續了一、兩個星期。當它開始消退,我便開始思考它,為的是看見創造社會現實的較深層源頭,時時刻刻的社會行動據以成形的較深層條件。要是社會場域、有形行動看得見的成果是取決於社會土壤、內在條件,也就是場域中看不見的部分呢?

這個疑問使我走上了為 U 型理論發掘原則的路,包括社會演進矩陣(圖八)在內。矩陣的根本是什麼?就是物質與**心智重新整合**。場域一是奠基於心物完全分隔,下載一堆空泛、空洞、沒有生命的措辭與慣例,也就是**重複規則**的行為。**場域四**則是奠基於心物完全重新合一,以創造出**生成規則**的行為來當成讓未來湧現的載具。

穿過針眼

「心物」的遭遇和「我對你有很深的期許」的故事所展示的時刻都是,在你究竟是誰以及你想要共同創造的未來上,所發生的事轉變或釐清了你的感知。

拜會賀斯勒強化了我去追求使我走出老路的路徑。和聖吉交談心物則使我接觸了香港的南師(南懷瑾),另外還多次前往中國,最終使我目前的工作不只是定錨於西方,還有東亞。

　　要穿過針眼有賴於三個條件：開放思維、心靈和意志。開放思維指的是不評判，讓宇宙的思維透過你的思考來操作。開放心靈指的是不嘲諷，讓集體的心靈透過你的感受來操作。開放意志指的是不恐懼，讓湧現中未來的意圖透過你的行動來操作。

　　沒有一個人比馬丁・布伯（Martin Buber）更會勾勒U型底部的這種微妙轉變，他在《我與你》（*I and Thou*）（一九二三年）裏寫過這些話：

　　　　他必須把受到外物與本能所控制的渺小、不自由意志獻祭給捨明定而就命定的遠大意志。然後他就不再干預，但在此同時，他並不是讓事情發生就算了。他會聆聽有什麼正從自己身上湧現、世上的動靜；為的不是得到它支持，而是要依它所願來把它化為現實。（底線部分為作者加筆）

翻轉系統—自我關係

　　在U型基底的轉變並非單一事件。它是我們隨時可企及的覺知與流現。U型旅程就是通往那個較深層部位與遭遇的旅程。我們愈能維繫這個深化的連結，就愈會發現自己和「系統」、社會場域的關係在轉變。以下七則小小的故事是在

闡明，我的自我—系統關係在這些年來是如何轉化。我在這裏採用了個人的經驗，因為我就是由此來取得「第一人資料」、在這樣的過程中所發生的內在轉變與變化。

布羅克多夫之戰

在這第一則故事中，我所反應的系統完全是在自身之外。**系統就是敵人。**

在我年輕時的一九七〇年代末和一九八〇年代初，我成了德國綠色運動的活躍分子。在當時，那場運動的主戰場之一是德國北部的小鎮布羅克多夫（Brokdorf），剛好離我家不太遠。布羅克多夫是如今一座已關閉核電廠的建地。有一天，我和朋友去布羅克多夫抗議建廠，連同約十萬個來自德國各地的民眾。遊行並不合法，而且建地有大批警力在把守，但全員都很平和，直到進入尾聲，我們就要打道回府時，警方卻開始攻擊。突然之間，我們聽到了沉重、有節奏的鼓聲和大聲吶喊。我們轉身就看到數以百計、有可能是數以千計全副武裝的警察拿警棍敲打著戰盾衝向我們。每個人都知道接下來該怎麼做：「快跑！」警察像在趕雞那樣，追著我們滿場跑。隨著我們和警察的距離縮短，我先是聽到、然後就看到成群的直升機逼近。它們飛得很慢，使我左右兩邊的人都被螺旋槳的風力推到了廣場上。我沒有停下腳步，回頭便看到了他們的下場。他們被揮著警棍的條子包圍了。

　　半個小時後，我們那些逃走的人在寬敞的公路上緊緊地靠攏在一起，並迅速地默默往回走向巴士和車子。深紅色的夕陽使整個畫面籠罩在電影般的光線中。等太陽差不多下山了，我們也快要來到車子的跟前，警察又來攻擊，揮著警棍從我們左邊的樹林裏殺出來。當他們吶喊著朝我們逼近時，怪事發生了：在我們的廣大群眾裏，每個人都停下來完全站著不動，身體全部緊靠在一起，彷彿是一個大的集體身軀。沒有人跑掉。一切都停止在全然靜止的時刻。接著在下一刻，警察開始在警棍可及的範圍內打人。儘管如此，群眾並沒有反應。他們的棍子砍進我們的集體身軀裏，有如刀切奶油。過了一會兒，他們才意會到沒有人在反擊。集體身軀不動如山。對此感到訝異的警察便就此收手，很快就撤退了。

　　我那天晚上回到家時，成了不一樣的人。我看見了敵人。那個系統就是敵人（如電影《駭客任務》〔The Matrix〕裏的著名台詞所說）。我打從心底知道，我往後的人生要做什麼了。

移至系統內

　　三年後，我成了大學新鮮人。在這則故事裏，我對系統的關係是從敵人蛻變成探詢。我在維藤─赫德克大學是選擇念經濟和管理。我想要了解和變更經濟秩序的核心DNA。大概在頭一週過後，每個學生就必須選擇見習的公司，一週

有一天和暑假有很長的時間都要去那裏「從做中學」。有鑑於我的背景是和平運動，我並不想跟軍工複合體有任何瓜葛。於是我挑選了在伍珀塔爾（Wuppertal）的紡織公司。我喜歡執行長艾瑞克·柯斯曼（Erich Colsman），原因有好幾點，包括他會用藝術的做法來建立管理能力。有一件好玩的事情：在首次實習的某一個星期，我撞見了一堆生產橄欖綠色繩索的機器。我問那是幹嘛用的。回答是：「哦，對，那是德國空軍的降落傘繩。」我閃避軍方所有的東西都白搭了，我能自外於系統的幻想只維持了幾個星期。

學習如何幫上變革推手的忙

這第三則故事裏的事件改變了我在自我和系統上的關係，並教會了我要怎麼幫上忙。一九九四年時，我剛向麻省理工學習中心應徵。當他們邀我去做一些面談時，我在那裏並不認識任何人。我最後的交談對象是艾賽克。他說：「好，我們喜歡你做的東西，可是我們麻省理工這裏在凍結聘用。你能不能自籌經費？」

「當然可以。」我還沒能多想，就聽到自己回答了。兩個月後，我便搬到麻省理工來繼續我的旅程。我當然沒有經費。比這更糟的是，我還有助學貸款要還。於是在刷爆了信用卡又沒有親友的資源可用下，我意會到自己必須創新。我必須學習要怎麼建立協助的關係，又稱為「流程諮詢」。在

這個領域，我從我在麻省理工的導師夏恩的研究中找到了巨大的價值。

好玩的是，在當時，我往往會默默對自己抱怨說：「為什麼其他每個人都拿得到研究經費，就我沒有？」我所不懂的是，就是這樣缺乏經費，我才會被迫把自己沉浸在迷人、親自動手的創新與實驗中。

因此，我的焦點便轉往了在系統內工作。有點令我訝異的是，我學習到這樣的「系統」其實並不存在。實際存在的是，結盟的利害關係人想要把系統帶向一邊，其他結盟的人則想要把它帶向另一邊。而且還有許多是在兩者之間。我學習到要怎麼看出舊系統的裂縫，又要怎麼把它當成機會之窗來實驗系統性的變革。

清晰的瞬間

再往前快轉近十年，來到二〇〇三年的九月。達賴喇嘛首次與西方世界首屆一指的腦科學家舉行公開對談。地點：麻省理工校園裏最大的奎斯吉禮堂（Kresge Auditorium）。我們的物理學家朋友兼同事札約克是活動的主辦人兼主持人。那場會議結束時，令我充滿能量與興奮感的是，針對串聯科學（第三人觀點）與意識（第一人觀點）世界的場域來加以調查是有它的威力及可能性。只不過在這兩天當中，我覺得交談全然忽略了在框定探詢時所不可少的第三個面向：

社會轉型與變革的面向。

　　在跟凱特琳、黛娜和彼得一起離開麻省理工的禮堂時，對於自己在生活中出錯的一切，我一下子就能看出來了：我走了太多不同的方向，在太多地方爭取太多專案。「你必須改變生活！」認清這樣的訊息後，我一下子就看出了自己應該要聚焦於什麼才對。我應該要全神貫注在一件專案上：打造一處「全球行動研究大學」，藉由實用、親自動手的實驗來演進系統，以便把科學、意識與社會變革整合起來。

　　在這則故事中，系統與自我的分界瓦解了：沒有所謂的區別可言。只有一件非常清楚的事情，那就是打從心底的召喚與領悟，將為我往後的人生重新定位。

共同想像：激發集體思維

　　這個無比絕頂清晰的瞬間過後是什麼？清晰長時期地減弱與消退。對於這點或那點為什麼不可能做到，總是不乏藉口。但在這個案例中，我的減弱期並沒有持續那麼久。這點的主要原因在於麻州劍橋的朋友和同事圈，其中包括聖吉（Peter Senge）、札約克（Arthur Zajonc）、華許（Diana Chapman Walsh）、考費爾（Katrin Kaufer）、卡巴金（Jon Kabat-Zinn）、康寧漢（Dayna Cunningham）與林（Arawana Hayashi）。我們見面是輪流在考費爾和我位於劍橋的住所，以及當時在擔任院長的華許位於衛斯理學院（Wellesley College）的住所。

圈子的名稱是S3小組，意指整合科學（science）、性靈（spirituality）與社會變革（social change）。

在二〇〇〇年代初的若干年間，我們每三、四月就見一次面，所討論的話題範圍廣泛，但總是聚焦於重新想像以二十一世紀的大學來整合三個S。這個共有的想像偶爾會化為集體行動，包括在札約克出任思維與生命研究院（Mind and Life Institute）院長的期間，以及自然流現研究院和組織學習協會（Society for Organizational Learning）的多項相關作業。

從系統與自我的關係來看，S3圈子的故事在一個重要層面上與我之前的故事有所不同：這項作業並不是在回應已有的外部系統（像我在警察暴力、紡織公司或客戶案件中的經驗就是），而是起自我和我們倡議要組成圈子來讓其中的個人共同想像可能性的新空間。主要的現實並不是外部系統，而是靠攜手投入湧現中的未來所產生的共有想像。

共同啟發：激發集體心靈

又過了兩、三年。有一陣子，我留意到自己對客戶的干預即使挺好玩，卻幾乎總是聚焦於這些組織內的課題。我們從來沒有因應過跨越體制分界而且我深信是最重要的系統或社會課題。

於是有一天，在凱特琳、黛娜和彼得支持下，我停止了抱怨，而總算開始有所作為。我開始針對企業、非政府組織

和政府來跟全球各大參與者的執行長及主管會談。「話說我們知道重大的破壞式挑戰正迎面而來，而且我們知道沒有一家組織能讓下一代的領導者準備好去獨自回應這些破壞」則是我向他們提出的話術種類。「因此，您願不願意派兩、三位深具潛能的最佳領導者來跨部門創新實驗室，花部分的時間來學習與未來的破壞正面遭遇，並共同創造跨越體制分界的新操作方式？」

有點令我們訝異的是，幾乎人人都說願意。長話短說，我們把這個案子稱為新興領導者跨部門創新（Emerging Leaders Innovate Across Sectors），並在最終獲得了美妙的團體與實驗室經驗。新興領導者跨部門創新實驗室是有二十八位參與者的團體，差不多人人都感受到了改變一生的個人影響力。所發展出的短期原型頗受看好，但這些倡議的較長期影響力才驚人。原型所聚焦的課題形形色色，從零排放車輛、再生能源，到利用設計思考來制定政策。有一組把新興領導者跨部門創新的三部門取向複製到了國家層次上，先是在印尼，後是在中國各省。

我以前所做過的事無一不是跟這項倡議的綜合影響力天差地遠。然而，並不是有人要我這麼做。它是誕生自觀察系統，留意所發生和沒發生的事，對不相符感到挫折，然後留意到意圖從那樣的經驗中湧現出來，最終促使我對它有所作為。

　　事後來看，我相信新興領導者跨部門創新激發了橫跨個人與體制的生成式社會場域，它激發了心靈的智慧，而有了它，這些個人之間的巨大信任感就絕不會消退。在這則小小的故事裏，我們全體教員所聚焦的是維繫空間。我們並沒有告訴參與者要做什麼。我們只是給他們流程和工具，並幫助他們共同啟發生成式社會場域。但後來他們就接管了局面。

共同創造：激發集體意志

　　二〇一三年時，我在麻省理工的管理學院跟凱特琳、黛娜和湯普森見面，三位全都是來自都市研究規劃系。菲爾剛分享了他的感想，談到都市研究規劃系的全體教員與校長萊夫開會時，萊夫在啟發人心的致詞中表示，要改造麻省理工的教育和學習。他講完時，我們四個人看著彼此，並知道很清楚的是，在新的格式、方法和工具上，我們會有很多東西可以發揮。但對於要怎麼配合這樣的體制創新機會，卻有很大的疑問。我感覺到挫折打心底油然而生。是每個覺得格格不入、來自底層並試著改變系統典範的人都心知肚明的感覺。但接下來對於什麼事或許有可能，我們四個人的交談卻深具創意。

　　隔天早上，我寄了電子郵件給校長萊夫。幾個小時後，他便幫我聯絡了數位學習的負責人薩爾瑪。桑賈伊建議我把我的麻省理工u.lab教學變成大規模開放線上課程（massive open online courses，MOOC或MOOCs，另譯為慕課）。在知識的大規模民主化上，他和萊夫都是先驅，把麻省理工變成了全球領導者，使所有的人都可免費取得所有的教育內容。他們的倡議所創造出的就是現今全球前兩大的線上學習平台之一：edx.org。我很開心答應了桑賈伊的提議。

到了十個月後的二〇一五年，我們推出了首套u.lab的MOOC。如今來到二〇一七年，我們已有超過十萬個來自一百八十六國的參與者註冊。因此在大約一年內，我的班級大小就從校園裏的五十人變成了u.lab MOOC的五萬人。

這是怎麼發生的？在徹底分權的教室裏，教育者要怎麼改造本身的角色？我們到後面對這點會談得更多。在這時候，我們姑且說是我在麻省理工教課的角色跟我在和數百個在地社群共同推展這個全球生態系統時的角色有所不同，主要是因為後者的教室是大幅分權與自我組織。

在結束第一循環的u.lab時，我們說道：「十分謝謝各位，與各位共同創造這次的經驗真是美妙的經驗。本期已完成我們的課程。」以下則是我們從參與者那裏所得到的回音：「你們在說什麼？你們不能在這裏就把這件事結束掉！你們沒有留意到發生了什麼事嗎？有東西正在誕生。受到啟發的變革推手社群為了更好的世界而協作。」

於是在u.lab的核心團隊裏，我們在和亞當、凱葳、茱莉、安琪拉及莉俐反思這樣的反饋時，便另外加了一期到行

事曆上，並踏上了聆聽之旅前往許多地點的u.lab線下學習小組，以向他們打聽什麼管用、什麼不管用、我們的集體旅程接下來要瞄準什麼才對。

在這則共同創造的故事裏，我們的關注力再度是集中於為所要誕生還有演進的全球社群維繫空間。

從反應到再生

我說這些小小的故事是為了證實，我在系統與自我間的關係多年來都在蛻變和轉化。它在一開始是把系統當敵人。然後它從看見我與系統的連結演進到看見裂縫，再到學習如何幫忙改變系統。後來的共同想像、共同啟發和共同創造故事全都是同一類操作的變體，所透過的則是布伯講得一針見血的話：「他會聆聽有什麼正從自己身上湧現、世上的動靜；為的不是得到它支持，而是要依它所願來把它化為現實。」

這類的關注力是兼而集中於內在與外在；為想要誕生以嶄露出來的東西維繫空間。這三個案例的細微差別所涉及的是對未來共同定義的程度。在第一個案例中，未來多為共同定義（共同想像）；第二個案例中的未來就比較少（共同啟發），在第三個案例中則是定義得最少（共同創造）。

以線性的順序來呈現這些故事並不是想要在此主張太過

線性的進程。它在實際上會較為複雜、較為多層次、較為來來回回。但我的確想要把各位的關注力帶到這個微妙卻常遭忽略的源頭面向上：**轉型變革的關鍵槓桿點是來自於注意到身為變革推手，你是如何論述自己想要改變的系統和想要孕育出的系統。**

第二篇
意識型系統變革的方法

　　我相信，商界、政府和公民社會的頭號領導力挑戰都一樣。那就是讓需要靠彼此來改變系統的利害關係人團體能從我轉移到我們，也就是從本位系統覺知到生態系統覺知。

　　這點要怎麼做到？第五章就是在分享方法、過去二十年來從無數的實驗與應用中所演進出來的路徑。

第五章

一道流程，五場運動：
從未來創新

　　自然流現是讓團體和利害關係人能共同感知及共同創造未來的創新方法。要深度創新，我們就必須把下載形態懸掛起來，以激發生成式社會場域。U型流程的五場運動為：

　　共同啟動：發掘共有意圖，建造初步的容器
　　共同感知：從系統的邊緣來看待現實，建立橫向連結
　　共同自然流現：連結到未來最高的潛能，建立縱向連結
　　共同創造：建構原型來從做中學，把新的化為現實
　　共同塑造：把新的加以體現和體制化，演進出更大的生
　　　　　　　態系統

　　接下來，很快綜述一下這道流程的關鍵原則和做法。

共同啟動：發掘共有意圖

　　流程的起點是為一起行經流程的核心團體建造容器。這個第一階段是在為後來的流程和它的影響力奠定基礎。這第一步的共同啟動所聚焦的是發掘共有意圖。聆聽則是關鍵所在：

- 聆聽本身的意圖或生命召喚你去做的事（聆聽自己）
- 聆聽場域中的核心夥伴（聆聽他人）
- 聆聽你現在受到召喚要去做的事（聆聽所湧現的事）

公司的案例：我和中型「綠色」銀行共事時，該銀行利用金融來因應社會與生態挑戰，執行董事會決定該行需要改造營業模式。執行長所邀集的核心團體裏包含了執行團隊的成員、一些本國董事，還有其他被認為在發展新策略視野，以及把機會轉譯為原型上至關重要的人。

在兩天的起始會議期間，這群人列出了業界破壞的驅力，並把它們依照關連性來排名。他們問說：有什麼小的變革能為我們在操作時所處的系統帶來大的影響力？有什麼變項能影響到業界的演進？團隊所列出的一個因素是「永續成為主流」。這群人知道，有八三％的 Y 世代人口想要看到企業對永續之類的課題表態。所以該行的挑戰是要搞清楚，當之前的關鍵區隔因子變成主流時，綠色和有社會意識的銀行在市場上可以怎麼來區隔自己。

另一股驅力是數位式破壞（digital disruption）。舊的營業模式遭到了挑戰，金融科技（提供金融服務的科技創投）靠著把服務做得更好、更便宜、更快而打破了傳統服務。如同比爾‧蓋茲（Bill Gates）所說：「銀行業有其必要，銀行卻不是。」把這些驅力列出來並排序後，這群人便製作藍圖來規劃共同感知的學習之旅（會在下一節綜述）。這群人也提出了初步的意圖聲明和問題來引導這趟實驗室之旅。

多方利害關係人的案例：巴西的新都市社會創新糧食與營養實驗室（Novos Urbanos Social Innovation Lab on Food

and Nutrition）是聖保羅（São Paulo）年輕社會創值家丹妮
絲‧切爾（Denise Chaer）一個人的構想。在聖保羅參加自
然流現研究院的基金會課程時，她所逐夢的構想是要改變巴
西各大城市的消費行為和社經關係。在一連串的對話與焦點
團體中，她相中了體系的一個重要元素：糧食與營養。

　　針對她想要改變的體系，丹妮絲把小宇宙請來了現場，
也就是糧食與營養體系的代表。她納入了專家和活躍分子，
但也有消費者和其他受現有體系所影響的人。這個多元的團
體接著便開始標繪整個體系，好讓他們各自看到本身所助長
的特定問題，無論是大型的跨國業者在學校裏販售含糖飲
料，還是家長在家中並未鼓勵健康的飲食習慣。這群人所畫
出的地圖在巴西仍被專家用來描述糧食體系和它的挑戰。

共同啟動的成果

　　在共同啟動的運動中，不管做什麼都要確保下列事項在
這個階段結束時已獲得確立：

　　一、對你們想要打造什麼的共有意圖
　　二、你們需要加以探討的至關重要問題
　　三、引導倡議的核心團體
　　四、要潛入U型流程的核心團隊

原則

U型的方法就概括在二十四項原則中，並依照從共同啟動到共同塑造的U型時刻而分為五組。我會貫穿各場運動來把它們編號，以表明二十四項原則是以整體來運作。一至五項如下：

一、聆聽生命召喚你去做的事

U型流程的根本是要強化我們投身局面和有意識來共同創造的能力。就如同夏恩的流程諮詢（process consultation）取向是從「隨時試著幫上忙」和「隨時應對現實」的原則來起步，自然流現的U型流程則是從首重關注力與意圖來起步：「聆聽生命召喚你去做的事。」或者套句布伯的話：「〔她〕會聆聽有什麼正從〔自己身上〕湧現、世上的動靜；為的不是得到它支持，而是要依它所願來把它化為現實。」U

型方法牢牢扎根在流程諮詢中，是它主要的基本修練之一。

二、對邊緣的有趣參與者加以聆聽並對話

聆聽的第二個範疇會把你帶出熟悉的世界，而來到系統的邊緣和角落。與自身關係中較大生態系統的有趣參與者打交道並聊一聊。跟看得見的核心參與者和比較看不見的參與者都要聊一聊，包括在現有體系中講不上話的邊緣及弱勢社群民眾。在你的小小旅程中前進時，要讓場域來引導自己。要聚焦於湧現中的機會。最重要的幫手、夥伴和嚮導到頭來常跟你預期的有所不同；因此，你的內在修為就是要對建言保持開放。

三、釐清意圖與核心問題

不要在第一步就急著釐清意圖與引導探詢的核心問題。在和顧問公司IDEO的設計人員共事時，讓我印象深刻的是，他們在展開案子前，事先不知花了多少時間。IDEO有一位領導者解釋說：「創意設計流程的品質，是取決於在開頭時陳述問題的品質。」

四、圍繞共有意圖來召集多元的核心團體

召集一群在採取行動和往前進上互相需要的參與者。共同啟動的相反是推銷，讓人對你的構想「買帳」。這幾乎從來都不管用，因為它純粹是你的構想。所以在召集這些參與

者時，有部分的藝術就在於，要把緊握在自己手中的構想放鬆，不見得是放棄。你要把圖畫得刻意不完整來誘導；你要畫個幾筆而留下空白，使別人能為它增色。如此一來，你就是把權力動態從個別轉變為共享擁有，並從擁有到隸屬，再到看出自己在較大社會場域中的角色。你的倡議在影響力的品質，是端賴於核心團隊共有意圖的品質。

五、建造容器

　　而這個共有意圖的品質多半要看容器的品質而定，也就是塑造和耕耘關係網的維繫空間。在建造高影響力的容器時，最重要的槓桿點就在開頭，你在定調、你在召喚和激發場域的時候。建造容器包含了內外在條件，最重要的就是集體聆聽不同的聲音和整體。對於這方面的作為，底下談自然流現的那節所舉出七人圈的案例會提供更多的細節。

做法

　　以下是我在召集人或引導者的角色上所仰賴的幾種核心做法，尤其是在工作的共同啟動階段中。

做法一

　　在當天的起頭刻意靜默。刻意靜默或沉澱會讓你把噪音或不必要的一切給放下，並連結你想要實踐的目的與意圖。

這樣的調整會為當天定調。

做法二

在每天的尾聲觀察四分鐘左右，彷彿是從外面來看自己。注意自己是如何與他人互動，以及其他人想要你做什麼。做這件事要不帶評判。純粹觀察。久而久之，你所培養出的內在觀察者就會讓你從別人的觀點來看自己。

做法三

為了激發生成，你必須愛上所聆聽的人。有時候這沒有那麼容易。遇到這樣的情況，就在內心開啟對於對方（或他某個方面）的深切欣賞與濃厚興趣。這是可以刻意激發出的內在態度。假如你做不到這點，那至少打從心底為對方建立歡迎的場所做起。

做法四

在與潛在夥伴共同啟動時，千萬記得：

- 要釐清你們在服務整體演進上的意圖。
- 在連結眾人時要相信你們的「心靈智慧」。
- 對於框定問題或機會的其他方式要抱持開放（不同的利害關係人會強調不同的變項）。
- 在連結到潛在夥伴時，要透過他們未來最高的目的感，而不只是他們的體制角色或責任。

- 在召集核心團體時，要考慮納入關鍵參與者和「瘋狂」的活躍分子，也就是會拚老命來使它管用的人，還有在現有體系中講不上話的人。
- 打造宜人的場所。

在暴雪中誕生

二〇〇五年十二月，我和凱特琳邀請了一小群踐行者、研究人員和活躍分子，開始為全球自然流現推廣學校來共同啟動平台。十二月初時，我們十來個人在麻州劍橋碰了面。我們決定走一小段路，從麻省理工來到組織學習協會在查爾斯河（Charles River）畔的辦公室，通常在十分鐘內就會到。但那天在下雪，我們邊走，雪就邊堆積，使能見度每下愈況。我們旁邊都沒有車子經過。我們彷彿是西伯利亞慢動作電影裏的孤獨演員。暴雪為我們送上了形式特殊的行禪。在當天稍後，隨著風暴加劇，我們聽見了雷聲，並在附近看到了閃電落下。那是我們任何一個人首次體驗到那種難得一見的組合：暴雪連帶閃電與打雷。我們則把它當成大自然歡迎我們的方式。在那首場的共同啟動會議中，我們立志要打造維繫空間來從事覺知型變革，並為深度的文明再造耕耘條件。會議偏向個人、立志，但並沒有任何結果是跟遠大（或沒那麼遠大）的計畫沾得上邊。不過它定下了調性與意圖。

共同感知：從系統的邊緣來看待現實

與核心團體啟動了共同意圖後，下一步就是要組成團隊來走上深潛的創新之旅，以經歷共同感知、自然流現、建構原型和體制化等階段。**核心團體**（常會納入執行贊助人）和**團隊**（使它成真的人）往往會重疊。在小系統中，重疊可能會達百分之百。但在大部分的複雜系統中，它則會比較少。

共同感知的根本在於走出本身的泡泡。我們的虛擬泡泡（社群媒體迴音室）、體制泡泡（組織迴音室）和本身的緣分泡泡（我們喜歡結伴廝混的那種人）會把我們留在下載的世界裏：凡事千篇一律。共同感知的核心，就是要把自己沉浸在對你的處境重要卻在你不熟悉的新脈絡中。

它為什麼要緊？認知科學家法蘭西斯科‧瓦瑞拉（Francisco Varela）跟我分享了這則小貓實驗的故事。新生小貓要經過好幾天才會把眼睛睜開。在這場實驗中，新生小貓被兩兩成對地繫住，一隻在另一隻的背上。在各對當中，只有下面的小貓能移動。上面的小貓（在對方背上的那隻）所體驗到的空間移動都一樣，但並沒有去跑腿，而是把它交給下面的貓。這場實驗的結果是，下面的小貓相當正常地學會了看東西，上面的小貓卻沒有。上面的小貓大部分依然是全盲或半盲。實驗顯示（以及瓦瑞拉的重點是），知覺並非被動為之；它是需要靠全身來展現的事，以激發所有的感官。

　　如今我們的體制學習和創新做法有很多看起來都像是上面的貓，把跑腿交給了下面的貓。我們把跑腿外包給了顧問、專家和培訓人員。對於簡單的問題，這樣或許無所謂。但假如你是真正的創新者，你最不想做的事就是把啟發人心的學習之旅交給顧問來跑腿。你必須親自走一趟，因為未來的種子就是從這些連結中進入世界。

　　關鍵在於，要把自己沉浸在場域的細項裏。研究顧客還不夠。你必須**變成**自己的病患、顧客、社群的邊緣成員。

　　公司的案例：我曾為某全球車廠推展創新流程，以聚焦於改善汽車的自我修復功能。在為期兩個月當中，團隊踏上了歐洲、亞洲和美國的學習之旅。當團隊的一部分人來到波士頓，其中一趟學習之旅帶他們找上了劍橋的傳統中醫專家。他們在那裏問到，傳統中醫專家是怎麼增進人體的自癒能力。對方告訴他們，在不同的覺知狀態中，身體痊癒起來會有所不同：清醒狀態、作夢狀態、深眠狀態。過了幾週，我們為了深潛靜修會而再次見面，其中一個分組發展出了構想來為汽車的作夢狀態建構原型。汽車或可在夜裏經歷自我分析與自我修復的過程，就跟人體在睡眠時所做的事一樣。

　　工作坊結束時，執行贊助人另外找了一天來審視結果。他們把這項倡議選為兩項最看好的之一，並挑中了它來建構原型。如今這些自我分析與自我修復的功能成了許多汽車的特色（包括該公司的汽車在內）。

　　醫病對話：多年前在德國時，我曾和一群學生共事來調查醫護體系中的醫病關係。學生對一百三十位病患和他們的醫生做過面訪後，我們在反思期中便得以列出四個層次的醫病關係（圖十二）。

　　我們把病患和醫生請到了反饋講習中，以便把他們所描述的不同關係特性回頭向他們反映。在各個層次上，我們都念了一句話給他們聽。然後我們請他們在小組中討論，他們看見自己是在哪裏。然後參與者各自把兩個子擺在描繪醫護

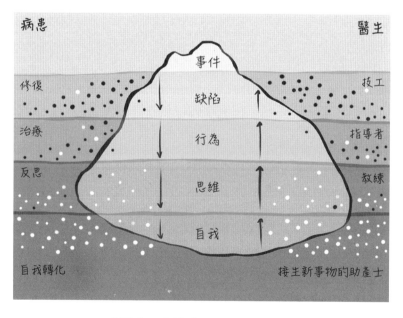

【圖十二】醫病關係的冰山模式

體系的冰山圖上：黑子是標示本身的經驗，白子是標示所企求的未來。

　　有超過九成五的病患和醫生是把黑子擺在第一或第二層，把白子擺在第三或第四層。於是我便問他們，是什麼阻礙了他們以想要的方式來操作。我指出說，畢竟「你們就是體系」。體系並不是在柏林的「他們」。體系就在當場，由他們之間的關係所創造出來。

　　你能聽見針掉在地上的聲音。在靜默過後，接著一種不同的交談便湧現了出來。眾人更加反思，並開始提出經過深思的問題。有一位參與者問說：「為什麼我們會集體產出沒有人想要的結果？」

　　醫生公開談論了他們所體驗到的壓力與挫折後，有一位男性站了起來，並自我介紹是鎮長。「我們在醫護體系中所看到的事就跟政治和政府一樣。我們老是在第一和第二層操作。我們所做的就只是對課題與危機被動反應，就如同我們過去也老是這麼做。但假如我們從比較深的那兩層來操作，也許我們就能讓不同的事發生。」鎮長坐下後，短暫的靜默便隨之而來。此時在現場的另一頭，有一位女性站起來說：「我是老師，在附近的學校教書，你們知道怎麼了嗎？」她頓了一下，看著鎮長和全體，「我們正面臨一模一樣的問題。我們在學校所做的就只是在頭兩層操作。」她指著牆上的黑白子繼續說：「我們是依照機械式的學習方法來組織學

校。我們聚焦於背誦過去，考大量的舊知識，而不是教孩子要怎麼發揮求知的好奇心，以及創意和想像的本領。我們永遠在對危機被動反應。而且我們從來沒有成功過的是，把學習環境往那裏轉移，好讓我們的孩子學習要怎麼塑造未來。」她指著冰山圖的第三和第四層。

此時在我隔壁的男性站起來說：「我是農戶，我們正在跟一模一樣的課題搏鬥。在現今的正規農業裏，我們所做的就只是在第一和第二層的機械式課題上打轉。我們使用化學肥料、殺蟲劑和各種灌進土地裏的東西，就如同你們把一堆死知識灌進學生的腦袋裏。整個工業式的農業做法都聚焦於，以過去的機械式解決之道來對抗症狀與課題。我們沒能把農場和整個地球設想成活的有機體，我們的集體和公共維繫空間。」

那天早上參與交談的每個人都感受到，較深的連結流現了出來。眾人不只是一起談話，還一起思考和感受。眾人放慢了談話，話語間則穿插著靜默。有東西把他們轉移到了尋常狀態之外，也就是在改頭換面後，眾人所認定自己腦袋裏的俘虜。

共同感知的成果

在共同感知階段，不管做什麼都要確保獲得下列項目：

一、一組經過修訂來重塑所涉系統的驅力

二、一組經過修訂的核心問題

三、一組針對各個機會的相關見解

四、一組針對個人與這些機會的連結

五、一個為感知深切的機會而「開啟」的核心團隊

六、標繪出使系統留在現有軌道上的系統障礙

七、提升能力來建立生成式的利害關係人關係

原則

六、建立高度承諾的核心團隊

核心團隊很重要的是，要反映出關鍵利害關係人團體的多元性，引進所需要的人才與才能，並把案子當成整段（好比說六個月或九個月）旅程的首要之務。

以下是把核心團隊首次聚在一起時的起始活動檢核表。為了建立焦點與承諾，所以要釐清：

- 什麼：你們想要創造什麼
- 為何：它為什麼重要
- 如何：會使你們走到那裏的流程
- 誰：所有相關關鍵參與者的角色與責任
- 何時與何處：前進的路線圖

　　起始的其餘元素通常包括建立團隊；體現未來的啟發人心講者；經過修訂的驅力、核心問題和學習之旅；以及針對對話面訪與感知做法的「小小訓練」。

七、把學習之旅帶向潛能最大的地方

　　學習之旅是在把眾人連結到與創造可能的未來息息相關的脈絡和構想上。深潛之旅則是在把人的操作視野從熟悉的世界、體制泡泡內轉移到外面不熟悉的驚奇、新鮮、煩人、刺激與新穎世界。深潛之旅並不是樹立標竿的行程。它是設計來讓參與者進入較深層次的湧現中現實，以透過全面沉浸來觀察親自動手的做法。它兼而統整了跟訪、參與和對話。

八、觀察、觀察、再觀察：懸掛評判之聲並與驚嘆感連結

　　現代演化論之父達爾文（Charles Darwin）為人所知的是，會隨身攜帶筆記本，記下與他的理論和預期有所牴觸的觀察和資料。他頗為覺知的是，對於不符合熟悉架構的事物，人類的思維往往忘得很快。

　　柏林圍牆在一九八九年秋天倒塌時，西方政府馬上就宣稱這起事件出乎意料，沒有人預測到這樣的地緣政治轉變。實情真是如此嗎？在短短兩周前，我和凱特琳隨同國際學生團體來到了東柏林，跟官方體系的代表以及民權運動的草根活躍分子會談。在一次與反對運動的成員交談時，和平研究人員約翰・蓋爾敦（Johan Galtung）公開打賭說，柏林圍牆

會在一九八九年年底前倒塌，反對運動的成員沒有人認同。我們這些蓋爾敦的學生也沒看到東歐社會主義體系即將瓦解的證據，我們認為蓋爾敦的預測有點離譜或牽強。唔，並沒有。蓋爾敦在行程當中所接觸的資料跟我們其他人一樣，為什麼浮現出了清楚的結論，我們所發展出的觀點卻是模稜兩可的「一方面、另一方面」？

主要的差別並不在於他所具備的知識量，而在於**看待**的方式不同。他在注意時的方式比較有紀律。他能把習慣性的評判懸掛起來，而比較仔細去注意面前的現實。

唯有把評判懸掛起來，我們才能對驚嘆感抱持開放。感到驚訝則是要留意到下載之外的世界。U 型流程之所以能使我們成長，並轉移到過去的思維構念或經驗牢籠之外，靠的就是驚訝與驚嘆的種子。

九、練習深入聆聽與對話：與全然開放的思維和心靈連結

在連結到其他的人與脈絡時，對於四個「聆聽」管道全都要抱持著開放：朝你所知道的事、令你訝異的事、整體以及你感知到湧現中的事（湧現中的整體）聆聽。

我曾經請教加州大學柏克萊分校（UC Berkeley）的艾莉諾・蘿許（Eleanor Rosch）：「我要怎樣才能與整體連結？」她說：「用心。」她進一步解釋：「在任何冥想傳統中，心靈都不屬於情緒性，而是深層的瑜伽中心點。」深入聆聽的點

是要把你的心靈與感受當成知覺的機關。然後如蘿許所說：
「知覺就會開始從整體中發生。」

十、集體理解：運用社會大劇院和所體現的領悟

對學習之旅的集體理解會以兩階段發生。第一階段是，
長時期有紀律地注意場域的所有經驗與聲音。例如在學習之
旅的匯報中，我們一開始常會要參與者從與利害關係人的交
談中舉出關鍵引述，然後我們會把它貼在牆上，宛如藝廊裏
的藝術品。靜靜逛過「藝廊」後，團隊就要一起反思，並嘗
試把主題串聯上其他的觀察。

另一項做法叫做場域之聲（Voices from the Field）。我們
坐或站成一圈，並替我們所會見的人把真心話說出來。某人
或許是說：「我是社會創值家，我有非常清楚的願景，但沒
辦法把它妥善傳達出來。」我們一個接一個這麼做。然後等
所有的聲音都聽完後，個別的參與者就要把自己所觀察到和
聽到的事記在日誌上，接著花三十分鐘跟夥伴邊走邊對話，
彼此分享觀察與反思，並在回來後討論湧現中的主題。

或者我們會坐成一圈，標繪出那個圈子裏的整個利害關
係人體系。然後由眾人自動起身發言，彷彿自己就是想要在
現場吐露真心話的利害關係人。我們把這個過程稱為「眼前
現實片」（current-reality movie）。唯一的規則是，你不能偷
渡本身的角色，而且不管所展現的是什麼，都必須反映你的

真實經驗。在這個過程中，你會透過別人的眼光得知，本身的角色是受到怎樣的看待和體會。

不管用什麼流程來理解學習之旅，最要緊的就是要有紀律地逐一去注意領域的所有聲音和表徵。有紀律地去注意是指，你要刻意把摻入本身解讀或解答的傾向全部按捺下來。你把那些全部懸掛起來是因為，你要讓「領域」的資料來對你說話。但假如你的思維太忙著表達意見和提出解答，領域的資料就沒辦法對你說話了。

假如集體理解的第一階段是要注意領域所有不同的表徵，那第二階段就是轉變發生的地方。第二階段是要讓那個領域或集體思維對你說話。

在第二階段當中，我們或許會運用各式方法和工具，包括情境思考（scenario thinking）、系統思考和世界咖啡館（World Café）（把眾人分成小組並讓個人頻繁換組，以便在輕鬆的氣氛中腦力激盪）。但到目前為止，最重要的當屬社會大劇院（SPT）。在我的同事林（Arawana Hayashi）共同創造及主持下，社會大劇院是把正念、社會科學劇院（social science theater）和系統排列工作（constellation work；藉由與相關人員的關係排列來看出系統中的隱藏動力或癥結）加以融合的方法。「劇院」（theater）這個詞是來自希臘文字根theatron，字義為「觀看處」或「觀賞」。社會大劇院的焦點就是要讓人看得見社會場域的深層結構，以及它能如何演進。

　　在共同感知運動的這個第二階段當中，有兩種做法極有助益：三度標繪（運用物體）和四度標繪（運用社會大劇院）。這些做法會在接下來描述，並可在edx.org和自然流現研究院的u.lab免費線上課程介紹影片中找到。兩處的直接鏈結上www.presencing.org就找得到。

做法

　　在現今的體制和社會中，我們有很多集體下載機制。但有別於下載機制的是，共同感知機制是用共有看見與對話的力量來開發沒有用到的集體創意資源。在共同感知的運動中，這點是靠從事以下所描述的一連串做法來做到。

做法一

　　每天結束時，在晚上花四分鐘來審視你們是如何從事同理式聆聽（開放思維和心靈）和生成式聆聽（開放思維、心靈和意志）。假如深入聆聽的實例一個都列不出來，那也要把這點記下來。假如把這道演練做上一個月，你們的聆聽成效就會大幅提升。四分鐘的審視流程要天天做，靠的就是紀律。而且假如可能的話，盡量找兩、三位同事來做同一件事，並彼此分享經驗。假如你從在地脈絡中找不到人，那就上www.presencing.org去聯繫u.lab社群。u.lab是免費的線上

課程，用以連結想要投入這幾種做法的人。

以下是你要如何區隔四種層次的聆聽：

- **聆聽一：習慣**

  你的聆聽是發生自你所知道的事、你的內在評論者，而不是在你面前的那個人。你的焦點是擺在再次驗證已經知道的事情上。

- **聆聽二：事實**

  你的聆聽是聚焦於在你面前那個真實的人。你的內在評論者正在消退。你會留意到不同的事。你的焦點是擺在不符驗證的資料上。你會看到新事物。

- **聆聽三：同理**

  你的聆聽是發生自對方身上。你開始透過他的眼光來看待處境。你會把自己的心靈當成知覺的機關來切換到另一個人所感受、思考和想要說的事情上。

- **聆聽四：生成**

  你的聆聽是發生在那即將被顯化和湧現的關鍵維繫空間之中。時間會變慢，你和他人的分界則開始瓦解。時間會變慢，你和他人的分界則開始瓦解。

做法二

選擇關鍵的利害關係人，並對利害關係人做對談面訪，將心比心地從他們的觀點來看自己的工作。每次面訪前，都

要有片刻的靜止並設定意圖。例如某全球公司新晉升的董事都是用以下四個問題來面訪利害關係人：老闆、顧客、團隊、網絡：

　　一、你最重要的目標是什麼，我能怎麼幫助你實現？（你需要我做什麼？）

　　二、你會用什麼標準來評鑑，我為你的工作所帶來的貢獻成不成功？

　　三、假如我能在接下來的六個月內改變所屬責任區的兩件事，哪兩件事會為你創造出最大的價值和益處？

　　四、有沒有什麼系統障礙使我這個角色或職掌的人難以滿足你的要求和期待？有什麼事在妨礙我們？

做法三

　　學習之旅是要把我們帶向最高潛能的地方。拿這點來問問自己：基於你想要創造的未來，對於那個未來和要怎麼使它成真，會教你最多的大概是哪些人和地方？深潛之旅以最多五人的小組來進行（使團隊用一輛車就能載完）通常會最理想。其中包括跟訪的做法、對話的交談，可能的話還有持續性的活動。準備和匯報要以有紀律、結構化和及時的方式來做。深潛之旅的每個團隊成員都要寫日誌，並用線上工具來即時記載和跨團隊分享。

　　每次造訪前都要：

- 蒐集與所要造訪的場所息息相關的資訊。
- 表明你想要與眾人談話／跟訪／共事。
- 編製團隊問卷（但不照著走也無妨）。
- 為有效的觀察和感知做法舉辦小小的訓練講習。
- 準備感謝禮並分配角色（好比說講者、計時人員）。

每次造訪後都要：

- 等事後反思完成後再查看智慧型手機。
- 規劃時間來讓團體立即反思。
- 在這樣的反思中聚焦於你們看到和感受到了什麼。

以下是幾個你們或許會想要使用的範例問題：

一、讓你印象深刻的是什麼？
二、最令人訝異的是什麼？
三、有什麼觸動了我的心靈？
四、假如我們所造訪的組織是生命體，它會感受到什麼？
五、假如那個生命體能說話，它現在會（對我們）說什麼？
六、在進出這個場域時，我留意到了自己的什麼事？
七、對於我們可能的未來，這個場域能教我們什麼事？
八、這次的經驗會為我們的倡議點燃什麼其他的構想？

做法四

所謂四度標繪的結構化流程是用來標繪組織生態系統的眼前現實，靠的是在三、四個小時的期間內走過小小的U型流程。這個方法的詳細階段在www.presencing.org的社會大劇院那部分有解釋，而該方法的主旨就是要：

- 以本體系統排列或雕塑來標繪眼前現實（「雕塑一」）
- 把那樣的系統排列或雕塑蛻變成未來的可能性（「雕塑二」）
- 反思流程

社會大劇院：把集體的物質與心智重新整合

就像林（Arawana Hayashi）喜歡說的，社會大劇院是以三種本體的交互流現來運作。第一種是大本體：地球。第一種是小本體：我們本身的肉體載具。第三種本體是我們集體展現出的社會本體。

在大多數的系統中，我們都會集體創造出沒人想要的結果。然而，知行的落差卻非常難拉近，因為我們漏掉了某樣東西。我們漏掉了聖吉（Peter Senge）所謂的系統思考根本：重新校準集體行為（我們做什麼）、覺知（我們看見什麼）與意圖（我們想要看見什麼）。

公司的案例：在我們與全世界其中一家最大的公司、來

自中國的國營企業舉辦工作坊的期間，眾人組成了自認非常協調的雕塑二，是每個人都把臉朝內的圈圈。每個人都看得到其他每個人。後來他們在反思那個雕塑時，領導團隊很震撼地意會到本身的盲點：沒有人注意到外面，也就是顧客和社群湧現中的需求。接著團隊便努力打造出五種不同的原型倡議，各是為了在不同的範疇裏轉化那個盲點。

近來我所共事的兩家公司是把「聚焦於顧客」視為關鍵價值。可是在標繪雕塑一的處境時，這些公司很訝異地發現，它們的實際做法對顧客注意得非常少。承認知行間的這個落差給了他們共有的能量來轉化組織，以便在日常做法中把聚焦於顧客體現得更好。

在所有這些案例中，造成差別的並非理智上的知識。假如我跑去告訴他們，「這是你們的雕塑一，而為了達到雕塑二，你們該做的事則是這樣」，影響力就會是零。但這並不是社會大劇院的運作之道。我只是把方法、工具給他們。然後在半天內，他們就自己去做了。他們創造出了一起看待現實的集體經驗，而且永遠不會消失。標繪的作用就像是對整個系統的轉化之旅三百六十度掃描。它是在給人共有的用語，並幫助他們甚至是在犯錯前就從中學習。

自然流現：連結到未來最高的潛能

把自己深入沉浸在最高潛能的脈絡中後，下一個運動就要聚焦於連結到較深的領悟源頭，創意與大我的源頭。自然流現融合了感知與流現，指的是要依據人在當下的未來最高可能性源頭來操作。

在許多方面，自然流現就跟共同感知差不多。兩者都是把操作的內心狀態從頭轉往心。關鍵差別在於，感知是把知覺的部位轉往**現有的**整體，自然流現則是把知覺的部位轉往**湧現中**的未來整體。

麥可‧瑞伊（Michael Ray）在史丹福商學研究所發展出了知名的商業創意課。《快速企業》（*Fast Company*）稱他是「矽谷最有創意的人」，我和賈渥斯基（Joseph Jaworski）在一九九九年所訪問的創新人士也多次提到他。在當年稍後，他答應在辦公室會見我們。我們請教他：「你是怎麼幫助眾人來發揮出真正的創意？」瑞伊回答說：「在我所有的課程裏，我所做的事基本上都一樣。我會打造學習環境來讓參與者探究創意的兩個根源問題：『我的大我（Self）是誰？』以及『我的事工（WORK）是什麼？』」

這兩個問題深獲共鳴。所有偉大的智慧傳統都要人「認識自己」。我記得在德爾菲（Delphi）的古希臘神廟，看到它就刻在入口。我是因為在印度研究甘地的教誨而記得它。

而且我記得在一九九九年時，南師告訴我在華人的哲學裏，
「假如想做個領導者，你就必須是個真正的人」。他還分享了
他對於孔子學說《大學》的詮釋，其中說到要做個領導者，
「你就必須去耕耘本身的開放過程」。訪問南師的完整文字稿
《進入領導力的修身七境》（暫譯，*Entering the Seven
Meditative Spaces of Leadership*）可上自然流現研究院的網站
www.presencing.org取得。

　　自然流現是以更高的自我為載具來體現湧現中的未來。
「presencing」的字根 *es意指「to be」。essence、presence和
present（禮物）這幾個字全都是共用同樣這個印歐語系字
根。同樣這個字根的古印語衍生字是sat，意指「truth」（真
理）或「goodness」（善行）。聖雄甘地用了它來拓展堅持真
理（satyagraha）的理念（藉由非暴力手段來尋找真理的策
略），使這個詞在二十世紀成了一大力道。同樣這個字根的
古德語衍生字sun，則意指「我們周圍的人」或「圍繞我們
的個體」。自然流現就是在把我們連結上圍繞我們的人。

自然流現靜修會

　　自然流現靜修會是要在U型的底部創造特殊的維繫空
間，好讓整個團體連結到創意與大我的源頭。靜修會要花上
四、五天，並且通常構築如下：第一階段是聚焦於分享及綜
合團隊的發現，並從感知活動中列出主題。第二階段是聚焦

於在大自然裏的獨處經驗,繼之以在神聖的分享圈中匯報。第三階段是聚焦於把湧現中的見解結晶化,並研擬建構原型的倡議。

　　這些年來,我們發現自然流現的做法會為深度的個人與關係轉變帶來可靠且一貫的形態。在麻省理工,我在數百位學生的身上看過這種轉變;在我遍布世界所主持的案件與課程中,我在成千上萬的參與者身上看過它。在每個地方,個人影響力都是微妙卻深刻。但真正的體制影響力通常有賴於刻意與持續的干預,而不是單靠把人送去靜修會就會產生。

　　建構原型的倡議要花時間才會得到結果,然而當它開花結果時,它的影響力往往會既深刻又持久。它幾近於U型底部的旅程彷彿是「開啟」或激發了共同創造的社會場域,一旦啟動就會繼續一起啟發交談、連結、行動與思考方式。

全球汽車製造公司的案例

　　過去十二年來,我一直跟一家全球汽車製造公司共事,並主持五天的課程來幫助新晉升的主任,因應領導力在破壞脈絡中的挑戰。新主任剛從領導一支團隊轉為領導多支團隊,底下有時會有數千或數萬人,複雜的多方利害關係人環境則橫跨了各洲、文化與呈報對象。對於產業正遭逢極需潔淨能源與運輸的巨大影響,我能幫上什麼忙?

　　我開始設計這門課程時,靠的是觀察。我和公司內一位

組織發展同仁花了四、五天去跟訪新主任。這道演練使我們對他們將心比心，並感知到要是沒有同儕網絡，在新職位上起步可能會有多孤獨。

參與者的旅程是起自與新主任一對一對話他們本身的領導力之旅和眼前挑戰（共同啟動），然後在工作坊開始前，各自對前五大利害關係人做對話面訪。

工作坊是在接近大自然的安靜環境中舉行，離公司總部不算太近。第一和第二天是在共同感知。參與者要彼此分享個人與專業脈絡，並把大部分的時間花在個案臨床團體中，用七步式流程來帶他們在大概七分鐘內把U型走一遍。（這道流程的詳細指令就在自然流現研究院網站上的Resources內。）

接下來登場的是課程中的自然流現部分（一天半），用四項做法來幫助參與者連結到創意的兩個根源問題：「我的大我是誰？我的事工（WORK；天命）是什麼？」其中還包括半天在大自然中靜默的做法。

課程的第三個部分是在建構原型和運行。在來自奧利維耶神話心理劇（Olivier Mythodrama）的同仁協助下，我們利用劇場的做法來協助參與者傳達意圖，使領導力流現得更加真切（共同創造）。

課程的最後一部分是，透過視訊的同儕教練小組來支持彼此把意圖付諸實行（共同塑造）。

　　這樣的干預管用是因為，它的意圖跟很多的公司訓練課程有所不同。所有自然流現修為的意圖都跟公司的教誨相反。它是要擴大而非縮小可能性的範圍。它是要強化大我在世上的源頭，否則它就很容易使我們分崩離析。它是要使人覺知到本身在公司內外的所有選擇和路徑，以及要怎麼以好奇心、慈悲和勇氣來追尋。

　　因此，各主任回到工作崗位上時，常會覺得原本（並未改變）的脈絡和自己有點距離。這個距離並沒有使他們比較好過。它甚至可能是痛苦的源頭（因為現在他們留意到了下載的形態）。但它也可能是提升覺知與創意的源頭。

自然流現的成果

　　自然流現的運動不管是採取什麼形式，都應該帶來下列成果：

一、一組建構原型倡議
二、各項建構原型倡議的核心團隊
三、各項建構原型倡議的三度圖：眼前現實、未來狀態、槓桿點
四、各原型的關鍵利害關係人名單
五、受到啟發的團隊能量

六、前進之路的場所和支援基礎設施

七、所需召募（兼職）的潛在額外團隊成員名單

八、為各原型審視進度與學習的里程碑

九、湧現中的領導敘事：我們的故事、自我的故事和現在的故事（最後這個框架是借用自哈佛甘迺迪學院〔Harvard Kennedy School，HKS〕的馬歇·甘茲〔Marshall Ganz〕）

原則

十一、圈子：充實容器

深度變革要在場所裏發生，這個場所則需要刻意打造。我認識兩位最優秀的引導師，其中一位是貝絲·詹德諾亞（Beth Jandernoa）。她擅長站在群眾面前，看起來什麼都沒做，卻在頃刻間就跟全場建立起推心置腹的連結。我問她是怎麼做到這點時，她說：「真的非常簡單。在我走到前面之前，我三十多年來的做法都是把心靈打開，有意識地對現場的每個人送出無條件的愛。它會創造出愛的場域或氛圍。」她把本身諸多的流現能力歸功於號稱七人圈（Circle of Seven）的女性友人圈。

我問貝絲能不能訪問七人圈，她們答應了。她們在一九九五年首次開始聚會時，是為了替在專業與個人生活上產生

變動的女性研擬課程。不過，無論多努力嘗試為別人打造活動，她們仍一直被轉向於本身的生活。後來七人圈真的為新領導者打造了課程，使自身的經驗得以嘉惠更多人。

我請她們解釋一下，圈子的做法是如何運作。「我們總是一起去重新發掘要怎麼開始。」芭芭拉‧柯夫曼─賽希爾（Barbara Coffman-Cecil）回答說，「例如看看我們在這場訪問的一開始做了什麼。」葛蘭妮佛‧葛利斯比（Glennifer Gillespie）解釋說。「我們點了蠟燭，敲了藏缽，並且一起保持靜默。」她解釋說，在靜默期間，她們或許內在是在做不同的事。有的是聆聽內心，有的是聆聽靜默。「我們的做法是用來讓我們更充分地一起下探場域。然後我們會進入深層入場（check in），給彼此所需要的一切時間來充分陳述各自在生活中所運作的事。這使我們的空間愈來愈充實。」

聽著這些話，我意會到她們所描述的「充實空間」跟眾人平常在開會時是如何開頭迥然不同。通常會議都是以領導者發言或遵循設定好的議程來開頭。相形之下，七人圈則是以共有經驗的「心靈」元素來開頭。

十二、放下：圈子體流現

行經U型底部的最大阻礙是來自內在：它是湧現自我們的抗拒、緊抓著過去。往U型的下方移動要靠你把評判之聲、嘲諷之聲與恐懼之聲給懸掛起來。要應對這三種形式的

抗拒，就必須耕耘好奇心、慈悲和勇氣。法蘭西斯科・瓦瑞拉（Francisco Varela）、艾莉諾・蘿許（Eleanor Rosch）和布萊恩・亞瑟（W. Brian Arthur）都強調，這是這趟旅程的核心元素。「凡不是根本的都必須拋開。」在描述自己跨越這道門檻的經驗時，亞瑟對我們說。

生成式場域需要由兩大元素一起來激發。第一個是關係到以無條件的愛，以及不帶評判與嘲諷的聆聽，來**充實容器**。第二是關係到勇氣、脆弱、**放下**和順服。

我在繼續和七人圈交談時，葛蘭妮佛說：「其他人不見得是這樣，但對我來說，要放開個人的分界並放鬆進到圈子裏還真難。我是靠投入大量的內在修為（inner work）和放下（let go）來做到這點。對於要如何放下以進入集體，我們各自的運作之道都不同。每次它都必須跨越門檻。」

我問葛蘭妮佛說，跨越門檻像是怎樣的情境。她說：「假如我任由自己走進圈子裏，我就會覺得自己彷彿快死了。所以我必須留意並習慣那種感覺。死掉在我想像中感覺起來一定是怎樣，跨越那條分界就是怎樣。我會是誰？因為不曉得，所以不確定要怎麼保護自己。」我想要知道，「那接下來會發生什麼事？」葛蘭妮佛說：「接著我通常會走過分界。假如我一路走下去，就會深感寬慰自己有走出這一步。我會覺得比較自由。不知道為什麼，我在事前並不曉得自己會覺得比較自由，即使我以前就曾經這樣做過。」

　　她繼續說道：「當每個人都做過這件事，我們就會以不同的方式擁有這樣的集體流現。我們會有新的生命體（圈子體）流現。我的經驗是，直到做過那件事，我才體驗到了圈子體。在那之後，它就超乎了我個人。我個人再也沒那麼要緊了。然而矛盾的是，我同時也更屬於個人了。」

　　「我看到所發生的事在於，你去冒了險。」七人圈的另一位成員說。「要讓集體表現出來，就一定會有風險。風險可能會落在一個人、兩個人或大家身上，但跨越你所談到的門檻一定會牽扯到某種風險或弱點。我感受到了整個空間的轉變。因為你去冒了險，它便為大家轉變了空間。」訪問七人圈的完整文字稿在自然流現研究院的網站（www.presencing.org）上就找得到。

十三、刻意靜默：挑選做法來幫助你連結自身的源頭

　　在U型的底部，重要的有價之物（貨幣）不是構想、言詞或見解。來到這裏，你必須使用不同的「貨幣」，也就是**做法**。做法就是我們每天所做的事。因此，這項原則是要挑選個人的做法來幫助你連結到自身的未來共鳴。可用的做法有很多（案例如下所述）。你必須把屬於自己的找出來並加以修改。

十四、跟著旅程走：做你所愛，愛你所做

　　史丹福大學的麥可‧瑞伊（Michael Ray）把這項原則形

容為「做你所愛，愛你所做」。他的座右銘就跟我聽過許多成功的創作者與創新人士所說的話不謀而合：如果要發揮出最大的創意，你就必須走上旅程，並在旅程中跟著你的福氣、感覺，跟隨湧現中未來的體會走。你對於那種感知的信賴必須勝過所有從別人那裏聽來的良好建言，儘管它或許也很寶貴。

例如就算你不愛本身的工作，也要確保整體工作中至少有一、兩件案子是具備這樣的心靈特性。它會幫助你激發出較深層的創意能力，然後擴散到其餘的工作和生活中。

這一切可歸結如下：每當要形成重大的決定時，千萬不要低估心靈之聲。它是你可以切換進去並由處境所喚起的感受特性。它會跟你訴說場域的很多事。每當我在重要的十字路口跟著它走時，它都會向我指出對的路。

十五、接納：自然流現出湧現中的未來

U型的根本在於，不要投射你的小意志「以我為先」，而要放鬆、放下並接納湧現中的未來或「遠大意志」（馬丁・布伯〔Martin Buber〕所說），從我轉變到我們，從本位到生態。

在領導者投身於社會場域的智慧後，我們在與他們的工作中一再體驗到這幾種轉變。在自然流現的運動中，我們通常會運用各式各樣的做法。就像不同的人有不同的學習風

格，不同的做法則是對不同的人管用。所以關鍵是要為進入
聖域提供不同的路徑。

做法

做法一：晨間練習

刻意嘗試避免用智慧型手機來為當天開頭。有很多人會
把手機擺在床邊，使我們很容易在即將就寢前和一醒來後就
去查看留言與電郵。這簡直是我們所能做到最糟糕的事，因
為它會使我們立即就和夜晚微妙的迴音與共鳴脫節。目標則
是要把那份共鳴顧好，不要一下就流失，並以注意本身較深
層次的領悟來展開當天。

以下是做晨間練習的一種方式（十到三十分鐘）：

- 早起（早於家裏的其他人）前往對你管用的安靜場所
  （自然場所很棒，但或許也可以找其他對你管用的地
  方），好讓你的內在領悟湧現。
- 運用連結源頭的儀式。它可以是禪修、禱告，或者純
  粹是以開放心靈和開放思維來達到刻意靜默。
- 回想是什麼把你帶到了現下在人生中所處的境地？你
  的大我是誰？你的一生的工作是什麼？你在此是為了
  什麼？

- 立下承諾你想要在這天要服務於什麼。
- 對於有機會過現下所擁有的日子心存感激。
- 請求幫忙，以免自己迷途或走偏。

不管是做哪一行，在當天的那第一個小時過後，大部分的人都要面對同樣的處境：破壞和出乎意料的挑戰。它是在這個世紀生活的一環。問題是要怎麼應對它。恐慌？被動反應？防備？還是你能不能從不同的部位來應付這些挑戰，而且它是扎根在你想要創造的未來中？

做法二：維繫空間

七人圈的另一位成員安・達舍（Anne Dosher）解釋說：「假如我們的七人圈有主要的做法，那就是如何維繫它。」這位女性描述了三個聆聽條件，使集體維繫的空間得以湧現。

第一個是她們所謂的**無條件見證**。安表示：「我們在這裏所談到見證或維繫的特性就跟圈子的源頭沒兩樣。類似於是說：你在看待時所透過的眼光、感受時所透過的心靈、聆聽時所透過的耳朵並非來自個人。所以對處境的投射非常少。除了對生命當時所想要發生的事抱持開放，就沒什麼別的意圖了。敏感卻不操縱。是不帶評判加上祝福的精神。」

第二個是**無條件的愛**。「現場的能量焦點要從頭下探至心，因為當某人的心真的開放時，開放通常就會發生，列出

場域後更是肯定會。能量場必須下探。非個人的愛會帶來祝福。」安解釋說。

　　第三個條件是**看見根本自我**。芭芭拉說道：「我會窮究那道傷口來追出她的真相。所以那就是我會把覺知派上用場的地方。它是關注力的修練，並關係到我是如何看待圈子裏的其他人所描述的人員。」萊絲麗・廉斯（Leslie Lanes）補充說：「在看見根本自我上，我們有個協議叫做不搞砸條款。不管我們其中之一做什麼，對其他人而言，她都不能搞砸。所以意圖要擺在根本自我上。我們所具備的共有信念是，對人最棒的服務形式之一就是看見他的根本自我，不知道為什麼，透過我的看見，他就會對自己體驗得更多。」

　　「這或許是我本身的屬性。」葛蘭妮佛說，「但假如我是從事工作、受到見證或受別人協助的人，這就是我在圈子裏體驗工作的方式。我的經驗是，氣氛會有厚度，是賦能的流現，使我得以比我和貝絲只跟彼此共事要來得深入……我會看見得更多，我會對自己看見得更多，我會對我所運作的事看見得更多。現在我並不曉得這是因為團體的技巧水準，還是因為關注力的品質或兩者都有。但我的經驗是，我會看見得更多；我會對自己體驗得更多。」

　　「我感覺起來像是人變大了。我覺得自己更加圓滿。」葛蘭妮佛補充說：「而且我覺得以某種方式獲得了力量或能力。我覺得被看見了。我覺得關注力的焦點滿好；重質、不

帶評判又有愛。而且我感受到了有別於個人加總起來的圈子體流現出來。」

轉化柏林的陰影

自然流現的時刻，是照著它自己而不一定是我們的時程來發生。我們是在自然流現研究院的引導者進階課程當中學到了這點。在這門兩年課程的最後一個單元中，來自十九個國家的七十二位參與者在柏林聚會。我的同事友人黛娜‧康寧漢（Dayna Cunningham）還記得，聚會的深度轉化時刻證實了，自然流現的所有層面是如何搭在一起。

「我們團體裏有多位具猶太背景的人，在大屠殺期間失去了家人。」黛娜還記得，「團體裏的其他參與者則是出身自德國背景。在柏林一起待了一個星期，並去參觀了大屠殺紀念碑和其他地方後，有很多人都再次勾起了痛苦卻重要的回憶。」

「到了隔天，團體裏的七十二位變革推手便體驗到場域的深度轉變，使猶太人、德國人、美國人、亞洲人、拉美人和澳洲人得以結連到彼此與自己，而且比我們任何人以往在類似團體中所體驗過的程度都要深入、赤裸裸、暴露弱點和根本得多。」

「奧圖開啟了交談，把我們拉回到在柏林的經驗裏。這

觸動了他的情緒，而且把裂縫打開的是，他願意赤裸裸來暴露弱點。突然之間，有很多人都分享了本身的個人故事。有一則故事是由美籍猶太女性葛兒·雅各（Gail Jacob）所分享，它深深打動了我。」黛娜說，「她的母親是死囚營的倖存者，在營中面對過無法言喻的驚恐，但她唯一跟子女分享過的記憶卻是營區解放時，看到在外面街上排隊的德國人流下了眼淚。對我來說，令人動容的是，這個國家對她犯下了如此的暴行，她卻選擇只彰顯他們的人性。」

「隨著故事展開，現場的聆聽下探得更深，不可置信的交談也開始浮現，場域的轉變使我們得以各自從不同和比較集體的視野來看待自己的生命旅程。有股流動的經驗是從核心來發聲，從跑遍我和我們身上的體會來發聲。有很多故事都是在談慘烈的個人苦難，但在集體聆聽與光明所撐起的現場，它們則轉化成了強大療癒的時刻。」

來自以色列的伊謝·尤瓦爾（Yishai Yuval）是其中一位猶太裔的參與者，他還記得處境就像是這樣：「（在交談進行中）眾人站起來談苦難、殘酷和需要記住這一切才行。我環顧現場的猶太同胞，期待他們加入交談。一開始，一個人都沒有。我這才想到，要是少了受害者的聲音，這類的討論就無法進行下去。於是我一反習慣，舉手要了麥克風。從我坐的角落進到團體的圈子裏，這十步是非常漫長的旅程……」

「所發生的事，成了個人的關鍵時刻。」伊謝說，「我周

遭的一切都變慢了。不需要為了字句而掙扎。它就是以對的順序逐一說出口。我感受到周遭的臉孔在專注聆聽的神情，並擴散出深度的同理心、深刻的理解與愛。與團體分享變得輕而易舉的觀念是，在遭到滅絕前，大屠殺的受害者是日復一日掙扎著在環繞的驚恐當中維持人類的尊嚴。」

「其中有很多人意會到，人性還有愛並沒有拯救他們，因而斷定在那樣的日常求生掙扎中，憤怒、好鬥、甚至仇恨或許比較有用。身為以色列人，這是我與生俱來的傳承。人只能靠自己來變得強大與猜疑。我很自豪身為軍人，被訓練成在必要時就要大開殺戒，而有幸保護自己的家人與同胞，有幸不用無助，有幸不用像我的外公外婆和阿姨那樣任由殘暴的殺手擺布。但時光流轉，我們以色列人突然對其他人有了權力（而）被迫要面對惱人的問題：我們是否強大到不必行使權力仍可保持安全？放下猜疑與仇恨、敞開心胸、對敵人提出真正和平的時候到了嗎？」

伊謝接著說：「我邊說邊環顧圈子，感覺到自己屬於並連結到了整體。在我走出圈子後，深入聆聽和同理心在我周遭擴散得挺好。過了一會兒，有位年輕的猶太裔美國人在會場的對角站起來，只要求唱一首由年輕、勇敢的猶太女性所寫的歌。她在一九四四年離開巴勒斯坦，跳傘到匈牙利從事救援任務，但遭到了納粹逮捕、拷打並殺害。」

「聽到她輕柔的嗓音唱得這麼有感情，我忍不住站了起

來，在會場的另一頭與她唱和。自此之後，每當聽到那首歌，我的內心就會顫抖。它以我以往沒察覺到的方式觸動了我的未知領域。我永遠不會忘記那個與那位優秀的年輕女性，還有整個團體連結的珍貴時刻。」

不久之後，越南暨不丹的壽河永（Ha Vinh Tho）站起來分享了一行禪師（Thich Nhat Hanh）所寫的詩。詩名是〈稱呼我的真名〉（*Call Me by My True Names*），壽邊說邊把手伸進口袋裏把小日誌掏出來，以幫忙他把這首詩貼近他的心。壽開始朗讀：

別說明日我將離去，
因為我連今日依舊前來……

我是悠游於清澈池塘的青蛙，
也是悄悄逼近來捕食青蛙的草蛇。

我是烏干達的兒童，
全身皮包骨，
腿細如竹竿，
而我又是軍火販子，
把致命武器賣到烏干達。

我是十二歲的女生，

小船上的難民，

遭海盜強暴後投海，

而我又是海盜，

心還無從看見和愛人……

請稱呼我的真名，

好讓我能覺醒，

好讓我的心門能敞開，

那扇慈悲之門。

　　全場靜止。壽坐了下來。我們全都感受到，彼此間的牆在消融。時間變慢了，我們本身對那刻的經驗也昇華了。我們開始從多個視野來體驗處境。我是女生。海盜。我在你之中。你在我之中。我在我們之中。我們在我之中。

　　黛娜還記得：「我記憶最深的就是，對於其他曾是生死仇敵或曾對自己暴力相向的人，眾人所表現出的連結度與慈悲：軍人、侵襲與疏失的倖存者、大屠殺倖存者的猶太子孫和年輕的德國人。」團體中的另一位猶太裔美國人成員葛兒・雅各（Gail Jacob）補充說：「我六十三歲了。身為猶太人，我一輩子都認為在這個世界上，我是獨自一人，並認為假如我或我的同胞發生了什麼事，沒有人會伸出援手。現在，在柏林的這個現場，我了解到自己並非獨自一人。」

　　我以前從來沒有在集體層次上體驗過這樣的深度轉化。感覺上彷彿是集體的過去有很多又長又暗的陰影總算浮上了表面，以藉此獲得釋放，並質變為能量與光明。團體則是在當成維繫空間。

　　那這樣的轉變能發生，靠的是什麼？以下是我們在七人圈的脈絡中所討論到的兩個條件。

　　第一個條件是**容器的特性和維繫空間**。在柏林所打造的維繫空間，是六個月前在教練圈的小型集會中開始形成。進階課程的各參與者每個月都會在「七人圈」中碰面，為期有兩年了。葛兒還記得：「我們六個月前在教練小組中碰面時，我分享說自己很惶恐要前往（柏林），並藉此機會探訪我的出生地達豪（Dachau）附近的難民營，我爸媽都是在那裏獲釋。」

　　「在還不曉得要說什麼之前，我就談到要前往柏林，並第一次帶家人去我的出生地。我開始掉淚，然後團體一起哭了很長的時間，團體對療癒就有了這番驚人的領悟。不只是我，也領悟到世界有多需要從戰爭與種族滅絕的集體創傷中療癒。」

　　「在那裏時，坐在我隔壁的有德國人奧圖（本書作者），以及兩位佛教徒，壽是越南人，茱莉亞（Julia Kim）有韓國血統。另外，伊謝是正統以色列猶太人，吉姆是美國的前軍方人員，安東妮（Antoinette Klatzky）是下一代……他們能

成為我的維繫空間⋯⋯我感受到了地層變動。在我的DNA
和人生所過的每一天裏，我都是帶著大屠殺的傷口。不知道
為什麼，我第一次開始看見了把那股能量轉化為其他東西的
可能性。」

「經過那個早上，課堂上的場域轉變了。」葛兒還記得，
所指的就是維繫空間的特性。「我們對彼此開放並成了一
體。彷彿我們**集體都需要去擁抱陰影**，以藉此窺見需要以什
麼來療癒世界。而對我來說，恐懼則消失了。」

可能性的第二個條件是，**眾人願意來到深淵的邊緣，放
下恐懼**，並跳進未知裏。

當伊謝違背本性拿起麥風克時，他就是縱身跳入未知，
葛兒和其他許多人也是。我開始打開空間時，同樣是如此。
我感知到有東西想要發生。它是在幾天前就開始，並隨著我
們靠得更近而增強。起初感覺起來，彷彿我就快死了。可是
後來我們的教練圈流現，直接感受到與葛兒、伊謝、壽和其
他人的連結，使我得以放下恐懼，並朝著想要發生的事邁
進，就如同伊謝和葛兒所描述。打開的集體空間比我所能領
略到的要高與深得多。

共同創造：結晶化並建構新原型

共同創造的目標是，透過原型來替未來建造小型起降

道，好讓我們以實做來探索未來。原型要依照它所得到的反饋來演進。共同感知階段的「觀察、觀察、再觀察」要變成「迭代、迭代、再迭代」。這場運動是受到設計思考所啟發，並融合了自然流現的原則，使它與社會場域的深度變革息息相關。

納米比亞和巴西的案例

納米比亞：靠著我們在希奈戈（Synergos）的夥伴，以及麥肯錫（McKinsey & Company）的幫忙，我們在納米比亞共同推展了公部門醫護實驗室。我們帶著一小群跨部門的領導者把所有不同的感知之旅走了一遍，其中包括護理師、醫生和區主任。目標則是要改善婦女的健康。在建構原型階段中，他們是聚焦於四項分開的倡議。他們所得到的反饋最終產生了第五個原型，並成為全部裏面最成功的一個。它所提出的構想是區域產房（Regional Delivery Unit），使他們得以為之前在體制孤島裏操作、彼此脫節的利害關係人加速創新與學習。

每週的跨組織區域產房會議是從檢討當週的資料和事件開始，期間會由不同位階的專業人士在支援與不帶評判的環境中互相質問並交換觀點。在我出席的一次區域產房團隊會議上，他們討論了護理師有疑慮的處境。有位資淺的女性護

理師轉身朝向在座最資深的（男性）領導者（區主任），他直到此刻都沒有參與討論。她說：「我從你的肢體語言來推敲，你並不認同在場所說的話。」接著換成主任轉身來解釋他對處境的解讀。當我聽到那位資淺的護理師點名團體中最資深的人時（橫跨了身分、專業與性別），我知道事情管用了，他們樹立起了建設性的溝通和學習文化。

巴西：在巴西發展糧食與營養實驗室時，丹妮絲‧切爾（Denise Chaer）是從四十家組織和來自糧食提供體系各部門的人員起步，有草根組織幹部、市政府和中央政府代表，以及跨國食品公司。他們的任務是要共同創造原型倡議來因應複雜的體系挑戰。團體縮減為由三十位參與者來展開建構原型的作業。參與者是跨越部門和組織分界來研擬構想。在自我組織的建構原型團體中運作兩個月後，引導團隊把所有的團隊請回了反思工作坊，並湧現出五個最看好的原型。

有一支團隊組成了聯盟，裏面有可口可樂（Coca-Cola）、安貝夫（Ambev）和百事（Pepsi），並促成了在二〇一五年正式宣布，從那一年起，它們將停止在學校的福利社對十二歲以下的孩童販售含糖飲料。此外，各公司也同意在巴西全境停止推出所有以孩童為對象的廣告。另一項倡議則是創作出「青春之泉」（Fonte da Juventude），以登上全國電視的紀錄片系列來幫助孩童了解，飲食中需要水果和青菜。自此之後，參與者又打造了有機農作實驗室和領導實驗室。

在建構原型的過程中，緊要關頭向來都是第一場反饋講習。這場講習大約是在自然流現靜修會的六周後舉行。各團隊都要發表他們從感知活動中和利害關係人身上學到了什麼，以及他們對往前進的構想。然後他們會得到更多回合的反饋，並據以把構想反覆迭代。

共同創造的成果

一、一組經過精進的原型、未來的生命小宇宙，針對實驗室的引導問題和目標產生了有意義的反饋
二、一組對利害關係人和夥伴的連結，跟原型的試點與規模息息相關
三、提升領導和創新能力，以應對破壞式創新
四、能在公司幫忙改變領導文化的團隊精神
五、團隊成員對承擔大件與複雜案子的創意信心

原則

十六、意圖的力量：把願景和意圖結晶化

尼克‧哈諾爾（Nick Hanauer）創立過六家頗為成功的公司，並在亞馬遜（Amazon）當過多年的董事。我和賈渥斯基去訪問他時，他正和一小群人共事來「重塑」華盛頓州

的教育體系。當我們問到意圖在他創業經驗中的角色時，哈
諾爾回答說：「我最愛的格言之一向來都是瑪格麗特・米德
（Margaret Mead）所說的：『千萬不要懷疑一小群有思想、重
承諾的人們能改變世界。確切來說，它是唯一恆久不變的
事。』我絕對相信。只要跟五個人，你幾乎什麼事都辦得
到。只有一個人會很難，可是當你替那一個人多找來四、五
個人，你就有了放手拚搏的實力。我認為這就是創業的全盤
重點，打造出那種令人信服的願景與實力。」

十七、組成核心團體：五個人就能改變世界

哈諾爾的觀點或許看來有點過度以美國人、男性和「科
技創業家」為中心。然而，我相信他說得對。每當我看到或
參與一場深度變革時，它總能歸結為同樣的核心現象：一小
群人對共有的目的與意圖深切承諾。改變世界所要用到的人
或許會比五個要多上幾個。但那個核心團體會把意圖擴散到
全世界，並靠它的力量吸引人員、機會和資源來讓事情成
真。然後動能就會起來。核心團體就是在當成載體來讓整體
嶄露。

十八、打造平台或場所

創新要在場所裏發生。在大自然裏，毛毛蟲在轉化為蝴
蝶前，需要繭的庇護。結繭是創作過程的關鍵過程；繭是深
度創新所需的維繫空間。還要統整「里程碑結構」來強迫

團隊及早生出原型，並從利害關係人身上得到快速循環的反饋。要建立向同儕和專家求援的管道，使團隊幾乎天天都能經歷U型循環。

十九、建立○‧八原型

　　原型是你所要創造未來的小宇宙。建構原型是指在發展完備前，就把構想（或進行中的工作）披露出來。建構原型的目的是要從所有利害關係人身上得到反饋，包括它看起來怎麼樣、感覺起來怎麼樣、有多符合（或不符合）眾人的需求和志向，然後去精進引導案件的相關假設。焦點在於，要以實做而不是分析來探索未來。就像IDEO的人員所說，建構原型的理論基礎是要「經常失敗才能早點成功」，或是「**趁早失敗才能快速學習**」。

　　原型並非計畫。它是你為了得到反饋所做的事。但原型也不是試點。試點必須成功；相形之下，原則或許會失敗，但它聚焦的是盡量學習。

　　在網絡設備的世界領導者思科系統（Cisco Systems），建構原型的規定是起自公司所謂的「原則○‧八」：不管案子有多長期，工程師都預期要在三、四個月內端出第一個原型，否則案子就終止。第一個原型並不預期會像一‧○原型那樣管用，而是粗略的反覆迭代，以便從所有關鍵利害關係人身上得到反饋。

二十、迭代、迭代、再迭代：隨時和宇宙對話

不要卡在構想的初步形式裏。要隨時從宇宙的反饋中學習。要利用每次的互動把構想磨利並反覆迭代。

《快速企業》的共同創辦人艾倫・韋伯（Alan Webber）把這條原則描述和形容得很貼切。他表示：「宇宙其實是有助益的場所。假如你在構想上開放以對，**宇宙就會助你一臂之力**。它會想要建議方式來讓你改善構想。此時話說回來，宇宙有時候會給出很爛的建議。冒險有一部分就是要聆聽那些構想和建議，並試著自行計算哪些有益、哪些有害。」

二十一、要用手來找：整合頭、心、手

就像在小說和二〇〇〇年的電影《重返榮耀》（*Bagger Vance*）裏，大師級教練在幫助喪失揮桿手感的高爾夫球員時所說：「要用雙手來找，不要去思考，而要去感覺。頭腦的才智，永遠高不過雙手的才智。」

這當然是藝術家向來都知道的事。丹麥雕塑家暨管理顧問艾瑞克・雷姆克（Erik Lemcke）有一次跟我分享了他的經驗：

> 把某件雕塑做了一段時間後，在某個特定時刻，情況就會改變。這個改變的時刻一降臨，我就不再是獨自創作。我會覺得連結到了深層許多的東西，我的手則是在跟這股力量共同創作。在此同時，我會覺得自己充滿

了愛與關懷，而且我的知覺正在變廣。然後我在本能上就會知道自己必須做什麼。**我的手會知道**，我是否必須增減什麼。我的手會知道，形式該怎麼嶄露。就某方面來說，有了這樣的指引，創作起來就很容易。在那些時刻，我會強烈覺得感恩與謙卑。

我的手會知道。那就是在U型右側操作時的關鍵。在U型左側往下移動時，要開放及應對思維、情緒和意志上的抗拒。在右側往上移動時，則要刻意把頭、心、手的智慧在實際應用的脈絡中重新合一。

就如同在U型的下行路上，內在敵人有評判之聲、嘲諷之聲和恐懼之聲。在U型的上行路上，障礙則在於三種脫節的操作方式：

- **無所用心的行動**：不經學習就執行
- **無所行動的用心**：分析癱瘓
- **空口白話**：分享過度，滿口改變卻不體現

三道障礙共有的結構特色都一樣：頭、心、手的智慧不平衡，而是由其一來主導（**頭**對應分析癱瘓，**意志**對應無所用心的行動，**心**對應分享過度）。

在**圖十三**裏，建構原型的五角形概括了共同創造的六條原則。在走入建構原型的階段時，要特別注意。

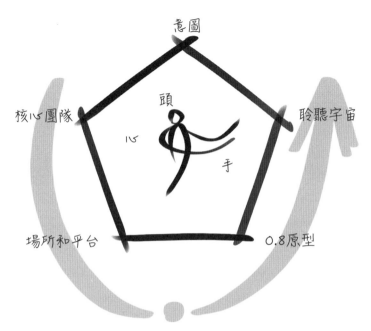

【圖十三】建構原型的五角形

做法

做法一：聆聽未來之聲

物理學者兼教育者札約克研擬了這項做法並描述如下。

「我要去開很耗費能量的董事會，而且也許會碰到某個發燒的議題。我不曉得要怎麼應對。在這些時候，我發現自己就是放下。它的做法是說：『好了，我們對這件事的注意

再充分不過了。我們真的考量過了很多事。」然後我就會有
點靜觀其變，並在覺知不用聚焦下舒緩下來。無事一身輕。
有時候我甚至會假裝旁邊有看不見的人。」

「我在主持新學校的董事會時，有時候會想像在座有看
不見的孩子。我其實是在為這些還沒有出生或還不在那裏的
孩子做事。他們是我在那裏的原因。我試著往空間裏聆聽。
未來也在座。當出席的每個人都看出了特殊時刻，美妙的創
意時刻就會降臨。我會鼓勵他們好好把握，把它表現出來。
那些時刻，為團體帶來了很多正面能量。」札約克說，「會
有種獨創、有幹勁和同心協力的感覺。沒有人擁有得了，因
為構想可能是來自在座的其他人。」

做法二：聆聽宇宙

第一步：每天結束時，花三分鐘把世界在當天給你的建
議寫下來，而不要判斷是好是壞。

第二步：從那些建議中，寫下一、兩個與工作上的現有
挑戰有關的問題。

第三步：隔天早上花五或十分鐘針對你前一晚在紙上所
記下的問題，把答案寫下來。

第四步：藉由探索可能的後續步驟來完成「寫日誌」：要
如何來進一步調查、測試或為構想建構原型？

這項做法是要提供安全的場所來探索新的或費工的構

想，並將大大提升你解讀微弱信號和發展思考的能力。

做法三：挑選構想並建構原型

在挑選和演進要建構原型的構想時，問問這七個「R」問題：

一、**它是否息息相關（relevant）**？它在個人（所涉及的人）、體制（所涉及的組織）和社會（所涉及的社群）上是否真的息息相關？

二、**它是否具革命性（revolutionary）**？是否新穎？是否會轉化體系？

三、**它是否迅速（rapid）**？你是否能馬上去做？你是否能立即發展出實驗，並有足夠的時間來取得反饋及適應（進而避免分析癱瘓）？

四、**它是否粗略（rough）**？你是否能以小規模來做？你是否能以也許是最粗略的方式來做，以容許有意義的實驗？你是否能局部來做，好讓在地脈絡教你要怎麼把它做對？

五、**它是否適切（right）**？你是否能在所聚焦的小宇宙裏看到整體？這個構想是否會讓你把聚光燈打在最至關重要的變項上？你必須選擇焦點，好讓自己能看見系統的核心課題。你不能忽略比方說醫療衛生研究中的病患、永續糧食案子裏的消費者，或是學

校案子裏的學生。

六、它在關係上（relationally）是否有所發揮？它是否有善用既有網絡和社群的力量、才能與資源？

七、它是否可複製（replicable）？你是否能使它有規模？商業或社會的任何創新都是取決於它的可複製性，以及它能不能成長到有規模。在建構原型的脈絡中，這些標準所偏好的取向是激發在地參與和擁有，所排拒的則是仰賴外部知識、資本和擁有權的大舉灌注。

共同塑造：擴展創新生態系統

共同塑造的運動是聚焦於使新的有規模，同時演進創新生態系統以擴展集體影響力。

現今社會生態系統的問題在於，部分和整體間的反饋迴路斷了。意識型系統思考的根本又稱為U型理論，它就是要重新串聯起部分和整體，做法則是**關閉集體影響力和共有覺知間的反饋迴路**，好讓系統感知並看見自己。說到底，本書中的應用故事全都是仰賴此一方法學上的骨幹。

這就是為什麼創新實驗室會管用；這就是為什麼它們的倡議能成功。但它們和我們大家在操作時所處的更大生態系統的關係又是如何呢？

在那裏，這些使系統感知並看見自己的新創新基礎設施多半付之闕如。缺乏這些基礎設施則是現今社會創新的最大障礙之一。

這很要緊的原因在於，我們正在看到第四種協調機制誕生。大家都很熟悉協調社會與經濟體系的三種傳統機制：**階層、市場、由有組織的利益團體來協商**（第三章）。

但我們知道，這三種手段本身並不能為我們的治理機制帶來現今所需要的升級。因此，湧現中的第四種協調機制便至關重要：**依據共有覺知來行動，依據看見整體來行動**。這項集體能力的發展有賴於耕耘、練習和賦能的基礎設施。而U型的這第五場運動就是著墨於此。

我們首先來談原型。各原型都要經歷多次的迭代。它在演進時，會保留住原有形式的最佳特色，但在其他方面則會改變，以藉此獲得改善。下一道問題是：我們可以怎麼利用我們在這些小規模實驗中所學到的事，並把它應用在整體的演進上？

假如你有製作過現場劇，你就知道演員要聽取彼此的意見以及導演的指導，這個精進過程則會使演出受惠。東西會加加減減。戲劇是活的結構，會經過沉澱、磨練和精進。只有在多次排練後，布幕才會準備升起。而且它還是會演進，但此時所加入的成分則是觀眾的能量與狀態。

納米比亞和MITx u.lab的案例

納米比亞：區域產房的原型團隊流程推行到了納米比亞全境的十三區。目的不是要實行特定的醫護成果，而是要實行流程與結構。接著各區都能修改這個措施，以符合特定的區域醫療衛生脈絡。工作現在是由納米比亞人來掌管並實施，而沒有任何國際夥伴了。區域產房的流程會責成領導者來改善成果。團隊要促進政策的實行，協調服務的提供，管理目標進度，並解決問題來確保醫療衛生介入的成效。在納米比亞共同推展醫護實驗室的是我們在希奈戈（www.synergos.org）的夥伴，他們表示新系統促成了嬰兒與婦女的死亡率在二〇〇六到二〇一三年間降低了一四％左右。

區域產房原型的成功靠的是三個賦能條件（enabling conditions）：

一、打造體制基礎設施來產出有用的資料
二、設立跨組織的結構，以定期召集橫跨體制孤島的關
鍵參與者來分析資料
三、培養學習文化來讓人員創新，而不是互相指責

這三個條件也證明了，它們在共同塑造或建立規模的階段中很重要。把它們應用在各特定脈絡中交織出了整個生態系統，使區域產房有著不同卻類似的操作方式。

MITx u.lab：對於創新要怎樣才能達到規模，我的看法曾深刻轉變。到二〇一五年為止，我和自然流現研究院的同事都在世界各地忙著推行案子和課程，包括永續事業、糧食與農作、醫療衛生與福祉、金融、學習與領導，以及政府與治理。各自都在不同的社會政治和地理脈絡中操作。

這一切是如何搭配在一起？並沒有。直到二〇一五年為止。後來所發生的事竟把這組各自為政的案子與課程變成了全球連結的活躍場域。「彷彿有東西翻轉了過來，」我們在西澳的自然流現研究院同事凱蒂・史塔布利（Katie Stubley）說，「突然之間，人人都能感受到全球連結的生命場域，大家都是其中的一分子。」

轉捩點是u.lab所推出的慕課（MOOC）。在提供教育和民主化的知識與學習管道上，大規模開放線上課程打破了傳統的方式。不過，線上課慕課MOOC也遭人批評完成率偏低，而且學習環境（坐在電腦螢幕前）的品質低落。

u.lab的實驗目的是要回答這個問題：線上到線下的學習環境能不能把**知識的民主化**和**激發深層的學習循環**（頭、心、手）加以融合？我們學習到，對，它是有可能，但要靠複雜的維繫空間和結構來使它管用，包括個案臨床圈、在地聚落，還有以現場講習把全球社群聚在一起，使他們有辦法感知並看見自己。我們能迅速擴大規模是因為，我們已為這一切元素個別建構出了原型。但我們從來沒有把它們拼湊在

一起。而這正可說是共同塑造的核心主題：把元素和整體融合並串聯得更好，好讓生態系統演進。

共同塑造的成果

一、審視原型倡議

二、分享關鍵學習

三、決定哪些原型／構想要挺進到試點階段

四、把焦點從原型變廣為演進整個生態系統

五、有基礎設施來讓生態系統看見本身（itself）

六、（克服）當消除瓶頸後就會讓新的建立起規模

七、有新組成的生成式合夥與聯盟以建立規模化發展

八、以新的敘事來把工作串聯上社會或文明再造

原則

二十二、打造賦能的基礎設施來讓系統感知並看見本身

這裏有兩個案例。第一個案例是出自金融界。魯道夫施泰納基金會社會金融（RSF Social Finance）是位於舊金山的社會影響力投資組織，它會定期召集投資人和借款人來了解彼此的脈絡，然後聯手訂出借款人下一期要付給投資人的利率。魯道夫施泰納基金會社會金融的執行長唐・謝弗（Don

Shaeffer）說：「這些交談自有一套魔力。並不是你認為會發生什麼事就會發生。你以為投資人會主張提高，借款人會主張調降利率。但所發生的事並非如此。它常常是正好相反。」

「它是有趣的過程，我們也還在學習要怎麼為這點維繫空間最好。」

第二個案例是出自醫療界。為了減少醫院的錯誤，有一種廣為運用的方法是導入檢核表（checklist）。研究顯示，在醫院導入檢核表起初會降低錯誤的風險，但出錯率會慢慢回到原本的水準附近。留意到這樣的形態後，俄亥俄的婦產科醫生馬克・帕恩斯（Marc Parnes）博士設計了不同的做法。他不用檢核表，而是在病患推入開刀房後，直接跟他們交談。他們會馬上展開個人的「探詢交談」，其中包括病患和整個手術團隊。令人訝異的是，比起檢核表沒有面對面交談的簡單做法，這種探詢的做法降低出錯率的方式更為持久。

這兩個案例證實了，「使系統感知並看見本身」可以如何改變參與者在場域中的協調動態，而把他們移往生態系統覺知。但更大的系統呢？類似的做法可以如何應用在區域、全國或者甚至是全球的層次上？

二十三、打造大規模的建立能力機制

現今的社會有兩樣東西付之闕如：（一）基礎設施，好讓人從整體來看待。（二）。大規模的建立能力機制，好讓人

共同感知和共同創造未來的可能性。

　　練習場是建立這種能力的關鍵。沒有一支交響樂團或者
職業足球或籃球隊不用練習就能達到世界級的卓越。同樣
地，領導者和變革推手也需要工具和練習場來讓他們學習有
效運用工具。我們曾經做過國際快遞服務聯邦快遞（FedEx）
的案子。每天晚上都有數百架飛機和成千上百萬件包裹在他
們的集散地飛進飛出，而且在大約兩小時內，每件包裹就要
依照目的地篩檢好。為了管理這個物流奇蹟，該公司每天都
要舉行四場事後檢討。一天四次，他們會聚焦於自己學到了
什麼，以及有什麼可以改善。假如把這件事做一、二十年，
你就會變成世界級的物流公司。在社會層次上，這幾類基礎
設施則多半付之闕如。

二十四、以實驗室和平台來耕耘社會土壤

　　在拜會矽谷首屈一指的創投慈善家時，我跟她分享了我
對U型學校的願景，u.lab能怎麼演進為以各式各樣的方式，
來耕耘社會土壤的全球行動研究大學。我講完時，她回應
說：「你知道，要為這件事募款並不容易。這裏身價很高的
人大部分都不喜歡掏錢出來，所以就不掏。」她說：「假如
要掏，他們只會在三個條件下掏：一，科技是解決之道；
二，問題可以衡量並在十年內解決；三，捐錢的人可以發號
施令。」

　　這三點精彩總結了慈善事業和影響力投資在現今的一切弊病。當系統挑戰所需要的不只是科技補救時，第一個條件卻把它的整個範疇都排除在外。第二個條件是把所有只能長期轉變的課題都排除在外，等於是不會有任何真正重要的事。第三個條件則透露出對生成式資本缺乏了解。

　　依照我的經驗，平台在耕耘社會場域時，需要（a）有初步的資助來定調，像是共有的智慧資本，但還有其他形式的資本。（b）建立社群，以不斷產生共同創造的場域。

　　在本書的第一篇中，我把自然流現和故步自封這兩種社會場域的交纏動態列為當前的關鍵特徵。在我們的直接環境中，兩者的案例都為大家所知。可是在宏觀和全觀結構上，我們看到故步自封（以媒體和社群媒體的形式）有大舉拓展的機制，但自然流現卻幾乎不見拓展。

　　這就把我們帶向了大規模耕耘社會土壤。為了探討這可以怎麼做，在二○一八年初，自然流現研究院與《赫芬頓郵報》將發起聯合倡議：互動式的多媒體熱點，並設計成媒體和建立運動的混合體。它將結合聚焦於新經濟敘事的優質新聞報導，以案例來體現轉化資本主義的原則和做法，還有新的「u.lab類型」學習平台，以融合方法、工具、現場講習、全球正念時刻和深入個人的小組對話。使用者會有各式各樣的參與路徑，從與同儕交談到以自我組織的感知之旅來發現在地的新經濟種子不等，變革推手則會找到工具來幫忙把倡

議從構想化為行動。目標是要打造平台來協助這場湧現中的
全球運動對自己變得覺知。（這個平台可以在www.presencing.
org找到。）

第三篇
演進式社會變革的敘事

　　U型理論有三大要素：（一）架構；（二）方法；（三）運動。我所謂的運動是指把社會、經濟與社會演進的新敘事應用到所有的部門和系統上，目的則是要銜接起生態、社會與精神鴻溝。最後這部分就要來簡短闡述這樣的演進觀點。（假如完整詳述的話，整個就會另成一書了）。它是把U型理論的視角套用在社會系統的演進上。

　　在結尾的這兩章，我會回歸自己的根源，問我們在整體的規模上能做些什麼來耕耘社會場域。這個問題引導了我的整段旅程，只有到現在看起來才總算是來到終點的旅程。

第六章

把社會的操作系統升級

　　我在跟變革推手談話時，他們全都馬上就同意一件事。即使他們的變革倡議廣為成功，倡議的影響力遲早都會碰壁，更大系統的高牆。

　　每個人都明白，在組合裏多加一項倡議或構想並不會克服現今所面臨的挑戰，包括（生態鴻溝造成）環境、（社會鴻溝造成）社會和（文化—精神鴻溝造成）人性折損。

　　「為了因應這些挑戰，我們需要退一步來看更大的系統。我們需要**更新思維與結構的操作碼**。」「為了因應這些挑戰，我們需要退一步來看更大的系統。我們需要更新思維與結構的操作碼。」用智慧型手機的語言來作譬喻，我們需要升級整套操作系統才行，而不只是創造另一款應用程式。本章就要聚焦於那個更大的敘事，我們要怎樣才能把社會的經濟、民主和教育操作系統加以升級？我們要怎樣才能使這些系統感知並看見自己？

經濟四・〇

　　在二〇一七年春季時，我出席了多恩基金會（DOEN Foundation）在阿姆斯特丹所召開的會議，齊聚一堂的都是設法要打造新經濟的關鍵創新人士。它是引人入勝的變革推手和先驅小宇宙，各人所聚焦的槓桿點都有所不同：生態系統復原、從搖籃到搖籃的設計原則、社會創值、影響力投

資、稅務改革、科技為善、共享經濟、協作領導、合作社、在地貨幣等等。

但有兩樣東西付之闕如：第一，把這些領域全部串聯起來的架構。第二，拓展新經濟敘事的共有機制，而且要跟傳統媒體在拓展舊經濟目前所展現出的毀滅敘事時一樣有效。

這個較廣大的架構會長得怎樣？

根源課題：商品虛構

社會創值、社會責任企業、影響力投資、三重底線（triple-bottom-line）報告（以企業盈利、社會責任、環境責任為企業的立身之本）有很多絕佳的案例。但大部分所聚焦的主要都是症狀，而不是結構上的根源成因。

政治經濟學者卡爾・博蘭尼（Karl Polanyi）在他一九四四年的著作《巨變》（暫譯，*The Great Transformation*）中，把資本主義形容為商品虛構（commodity fiction）。資本主義或他所稱的市場社會是建構在虛構的基礎上，亦即大自然、勞力和金錢都是商品；它們是為了市場、消費所生產。但博蘭尼主張，大自然並非商品。它並不是我們為了市場所生產。人類（勞力）也不是。金錢也不是。但在市場體系中，這些**彷彿**全都被當成了商品。

博蘭尼表示，結果就是成長一飛沖天，但大量的負面外

部效應也以環境毀滅、貧窮和貨幣崩潰周而復始的形式產生。

解決之道：更新經濟操作系統

為了回應這些失靈，社會打造出了**體制創新**，像是勞動和環境標準、社會安全、聯邦儲備體系（Federal Reserve System，Fed；聯準會），以便在市場機制無用時把它暫緩下來。

在資本主義的操作系統首次升級過了一個多世紀後，如今我們發現自己再次遇到了挑戰，但這次的挑戰是遍及全球。

為了回應這些挑戰，我們在麻省理工創立了非正式的圓桌會議，以針對當前的社會和生態挑戰來認真思考經濟與繁榮。我們看了許多關鍵變項，並斷定假如同時加以善用，結果就會使經濟操作系統升級，而能把**從本位系統轉變為生態系統覺知**。我把這些變項稱為穴位（acupunture point），因為它就像是壓力點對我們身體的作用：一激發就能為整個系統帶來生成式的影響力。

經濟轉型矩陣：七個穴位

這裏有七個穴位：**大自然、勞力與資本**（三個傳統生產

要素）；**科技與管理**（兩個在比較近期所加入的現代生產函數）；**消費**（方程式中的使用者面）；以及**治理**（如何協調整件事）。

七個方面有些問題症狀必須重新框定較深入的核心議題（圖十四）。而且各方面都有實用的槓桿點，來把目前以本位為中心的系統轉化為以生態為中心的系統。花點工夫來思索圖十四中所描繪的樣貌，或者要是看不慣這樣的表格，那就跳過去繼續往下看。

要把經濟操作系統全面升級，有賴於以下轉變。

大自然：從資源到生態系統

現有經濟體系的主要挑戰在於，它是以在資源有限的世界裡無限成長為目標。因此，任務就是要把大自然重新框定為生態系，而不是資源。我們不可把大自然的賜予當成商品來購買、使用和丟棄，而必須把自然界當成我們需要加以耕耘和共同演進的循環生態。在把體系朝這個方向轉變上，槓桿點包括：

- 以從搖籃到搖籃為設計原則的循環經濟
- 以循環農業來耕耘土壤的生態系復原

操作系統	大自然	勞力	資本
課題	有限資源vs.無限成長	有四成的工作會在二〇五〇年之前消失	金融與實體經濟脫勾
重新框定：從本位到生態	從資源到生態系統	從工作到創業	從攫取式到刻意式資本
槓桿點一	循環經濟	全民基本收入	循環貨幣
槓桿點二	生態系統復原和循環農業	學習激發出最高潛能	對資源而非勞力課稅

【圖十四】經濟轉型矩陣

勞力：從投身工作到做自己的事

　　到二〇五〇年時，現行的工作據估約有四成將被自動化所取代。我們不可把勞動看成為賺錢所從事的「工作」，而必須加以改造，並把它當成讓我們得以實現最高潛能的創意之舉。在把未來朝向較為人際與文化創意的範圍轉變上，槓桿點包括：

科技	管理	消費	治理
創新與實際需求脫勾	體制領導全面失敗	國內生產毛額與福祉脫勾	治理與對利害關係人的影響力脫節
從降低創意到提高創意	從孤島到生態系統	從國內生產毛額與消費到國民幸福毛額與福祉	從階層與市場到覺知型集體行動
把足跡視覺化的工具	生態系統的協調基礎設施	經濟進展的新指標	可使系統看見自己的生態系統
從整體來看待自己的工具	建立能力的機制大舉免費	參與式預算	公共財型擁有權

- 全體適用的全民基本收入
- 教育四·〇的免費管道，以激發人未來最高潛能

金錢：從攫取到帶有覺察與意圖

對於金錢在全球的層次上累積到前所未見，大家都有所覺知。此處的挑戰是要把金融資本的流動轉向到實體經濟

中，並再造社會公共財。如今我們是一個地方的金錢太多
（投機、攫取式金錢），另一個地方的金錢太少（促進生態、
社會與文化公共財再生的刻意式金錢）。在重新設計金錢的
流動上，槓桿點包括：

- 把攫取式金錢取代掉的循環貨幣
- 對資源而非勞力課稅的稅制改革

科技：從降低創意到提高創意

科技能如何來為人賦權（empower），以成為所屬世界
和體系的推手及創造者，而不是受到像臉書（Facebook）或
谷歌（Google）等科技公司所操縱？臉書和谷歌一開始都是
充滿理想的學生企業，構想是要把世界變成更美好的地方。
它們在許多方面是做到了。但隨著自身成長，它們也捨棄了
原本不登廣告的立場，以滿足投資人把錢賺到飽的渴望。而
且現在我們得知，同樣這些科技公司或許是出於無意，但在
幫助俄羅斯政府和其他既得利益操縱二〇一六年的美國大選
上卻扮演了要角。對於在使用科技時假如沒有非常清楚的道
德意圖，它很快就能從為善的力道變成支持各種反民主與反
憲政闇黑利益的力道，這只是一例。

在新的共同創造式社會科技上，槓桿點包括：

- 使個人和社群得以在購買時把消費選擇的社會—生態

足跡加以視覺化的工具

- 讓個人和社群透過整體之鏡來看待自己的科技賦能工具（還記得在第五章和圖十二裏所呈現出德國醫護團體的故事；靠著智慧科技，這樣的意識轉變就能以較大規模來發生。）

領導力

我們集體創造了沒有人想要的結果（亦即毀滅大自然、社會和我們的人性）。此處的挑戰是要抵消橫跨體制與部門的領導力全面失敗。我們需要在整體生態系統的層次上去強化領導者共同感知和共同塑造未來的能力，而不是去助長超級本位。在往這個方向移動上，槓桿點包括：

- 共同感知的基礎設施：從邊緣（對最邊緣的成員將心比心）和整體（好比說對話和社會大劇院）來看待系統
- 大規模的建立能力機制，以支持從本位到生態的轉變（好比說u.lab）

消費

此處的挑戰是要為全體發展福祉。現今更多的產出、更多的消費和更多的國內生產毛額並沒有帶來更多的福祉與幸

福。我們不要提倡消費主義和國內生產毛額之類的指標，而必須實行分享經濟對福祉的做法與衡量方式，像是國民幸福毛額（Gross National Happiness，GNH）或真實進步指標（Genuine Progress Indicator，GPI）。在這個範疇裏，槓桿點包括：

- 福祉經濟的做法和新的經濟指標
- 參與式預算

治理

此處的挑戰是要為複雜系統的決策以及受到這些決定所影響者的切身經驗來消弭脫節。改造治理代表要以第四個機制來補強我們所熟悉的三個傳統協調機制（看得見的階層之手、看不見的市場之手、有組織利益團體的多中心式協調）：依據整體的共有覺知來行動。在這個範疇裏，槓桿點包括：

- 使系統有辦法自我感知並看見本身的基礎設施，以催化覺知型集體行動（ABC）
- 公共財型擁有權，以保障未來世代的權利（包括公私產權）

從本位轉變到生態的路線圖

退一步來看更大的局面，我們會看到什麼？各個槓桿點都是在因應博蘭尼所勾勒大自然、勞力和金錢的商品虛構，但視野有所不同。

概括來說，透過U型理論的視角來看經濟，我們就能沿著所有七個穴位來列出升級操作系統的方法。關於經濟演進矩陣要怎麼實行，細節可以參考我和考費爾所合寫的書《U型變革：從自我到生態的系統革命》（暫譯，*Leading from the Emerging Future*），以及我們正與《赫芬頓郵報》（*HuffPost*）共同創造的互動式多媒體熱點。

這一切要管用，所少不了的是什麼？政治。這就把我們帶向了下一個主題。

民主四・〇

我們目前的民主體系在許多地方都遭到了折損，而不只是在那種情況或許最明顯可見的美國。但背後的問題是什麼？民主體系缺乏演進。從歷史上來看，民主體系的演進是從：

一・〇：一黨式民主（集權），到

二‧〇：多黨式間接（國會）民主，到

三‧〇：參與式間接（國會）民主，到可能是

四‧〇：參與式直接、分權、數位、對話（四度）民主。

這些主題有很多人寫過，所以我們直接來看大局。

美國（川普主義〔Trumpism〕竄起）、英國（英國脫歐〔Brexit〕）、土耳其（總統厄多安〔Recep Tayyip Erdogan〕）、俄羅斯（總統普亭〔Vladimr Putin〕）和菲律賓（總統杜特蒂〔Rodrigo Duterte〕）共有一項雷同之處：全都是以二‧〇或三‧〇民主來操作，並且似乎無力因應這些國家的諸多挑戰。因此，這幾國的選民都表現出對現況的挫折感，而把票投給會打破建制的門外漢，甚至是讓民主倒退。人民的挫折感所創造的舞台使這些領導者能藉此倡導較威權的體系（一‧〇「民主」）。這幾國的選舉多半付之闕如的是，以未來為導向的替代方案：以四‧〇民主的構想來轉變權力的源頭，從特殊利益團體到社群的實際需要，從由上而下的領導到較為共有的共同感知和共同塑造流程。

我們倒是在某些城市和其他定點型的城鄉社區看到了民主四‧〇，它的交談會較為直接、分權（集體）、數位（線上到線下）、對話，也就是我所謂讓系統得以看見自己的交談。

在往四‧〇民主轉變時，媒體扮演了關鍵的角色。維

繫民主卻沒有獨立的媒體，就像是嘗試呼吸卻沒有氧氣。你或許忙著爭奪空氣，但卻是徒勞無功。它會使系統每下愈況。媒體現有的問題有二：太過依賴特殊利益，以及在方程式中太過聚焦於故步自封（absencing）而不是自然流現（presencing）的那側。

跨界四・〇

本世紀到目前為止的破壞是三個較深層結構問題的症狀：

- 不能為全體帶來福祉（經濟鴻溝）
- 不能為全體帶來實質參與（政治鴻溝）
- 不能為全體打造生成式學習機會（文化鴻溝）

要全面重組，我們就必須重新思考並重新設計以下通常被視為分開卻彼此相關的體系：醫療衛生、教育、糧食和金融。整體則需要靠第五個體系來協調，那就是重組管理與治理。究竟我們需要什麼，才能透過自然流現的視角，從激發生成式社會場域來重新想像這些體系？

現今的全球糧食體系仍深具毀滅性。醫療衛生體系仍在生病。教育體系不懂學習。全球金融體系正加足油門往下一場車禍衝去。基金會和慈善家仍把資產擺在舊經濟中，因而

使受贈者理當要矯正的根源問題雪上加霜。在所有這些空間
裏，綠色、永續和社會責任創新者仍卡在最早給他們空間來
發展新東西的利基裏。但現在這些利基正日益擁擠，主流參
與者採用了新的標籤和話術，卻常使舊模式歷久不衰。例如
亞馬遜收購全食（Whole Foods）很可能會為有機帶來優步
（Uber）對共享經濟所造成的後果：把誕生自不同經濟邏輯

操作系統	醫療衛生	學習
1.0： 以輸入和權威 為中心	以醫生為中心 的傳統醫療	以老師為中心 的傳統
2.0： 以輸出和效率 為中心	實證醫療	以考試為中心
3.0： 以利害關係人 和顧客為中心	以病患為中心 的醫療	以學習者為中心
4.0： 以生成式生態 系統為中心	健康本源： 強化福祉的源頭	共同創造： 激發學習的 較深層源頭

【圖十五】體系演進的四個階段，四種操作系統

的商品（專賣健康食品的雜貨店）重新塑造，使它所符合的
經濟操作系統是牢牢奠基於舊典範，以稱霸世界為目的的典
範。

　　這些體系已各自開始往四‧〇轉變（圖十五）。但我們
可以如何為必然巨大的體系轉型來發展、支持和維繫動能？

農糧	金融	治理
以農戶為中心的傳統	傳統的金融資本	階層
工業式單一文化	攫取式資本：華爾街	競爭
有機：以生態為中心	責任式資本：影響力投資	利害關係人對話
耕耘生態：社會再造的源頭	生成式資本：體系轉型	ABC：覺知型集體行動

醫療衛生：從罹病本源到健康本源

由於意會到醫療衛生只有兩成是仰賴醫護服務的供應，有六成則是仰賴社會、環境和行為因子，像凱薩醫療機構（Kaiser Permanente）等大型的醫療衛生體系創新者便開始從以治療疾病的症狀為本的罹病本源（pathogenesis），轉為聚焦於以強化醫療衛生的社會決定因素與社群的福祉為本的健康本源（salutogenesis）。

主流醫療衛生組織的轉型是從：

- 操作系統一・○，傳統的以輸入為中心來操作，繞著醫生和醫護機構，到
- 操作系統二・○，以輸出為中心，繞著實證型、標準型和以科學為中心的操作方式，到
- 操作系統三・○，以病患為中心的經驗，組織更為天衣無縫與創新的方式來提供醫護服務，直到真正的創新者現在總算正移往
- 操作系統四・○，強化醫療衛生與福祉的源頭（健康本源）。

教育：從以學生為中心到激發學習的較深層源頭

在教育和學習上，我們看見了非常類似的轉變，旅程是從：

- 操作系統一‧○，以輸入為中心來操作，繞著傳統的教學和老師轉，到
- 操作系統二‧○，以輸出為中心，繞著標準化課程和考試型教學轉，也就是暴食式學習（快進快出），到
- 操作系統三‧○，以學習為中心，把學生的經驗置於重新塑造學習環境的中心，到
- 操作系統四‧○，把學習者連結上創意的源頭與人性最深層的根本，同時教導他們共同感知湧現中的未來可能性並使它開花結果。最創新的學校（在芬蘭則是整個學校體系）正在實驗四‧○的教育和學習。

糧食：從有機到活生態系統的流現

農糧部門所產生的轉變是從：

- 操作系統一‧○，傳統的農作方式，到
- 操作系統二‧○，科學型的工業式農業，到
- 操作系統三‧○模式的永續農作法，到

- 操作系統四・○農業，遠遠超越糧食生產，把農場當成經濟、生態、社會和精神—文化再造的場所來耕耘療癒活生態系統。

我們現在知道，聚焦於單一文化、產出極大化和獲利的工業式農業二・○不僅對地球來說是災難（土壤侵蝕、水質污染），對人（農戶、工作人員、供應鏈、消費者）來說也是。在有機農業三・○的空間裏，有許多創新者在率先成功後，現在都很憂心與／或挫折。他們建立了品牌。他們建立了負責任的供應鏈。他們建立了社群。但在表面下，疑問卻隱然浮現：對於大舉數位化、大數據，以及像孟山都（Monsanto）等公司靠毀滅農場的健全性來打造出十億美元的生意，我們要如何自處？另外，究竟什麼才算有機？只是足跡比較小？還是另有要求？假如是的話，另有什麼要求？這些疑問直指湧現中的四・○模式，以聚焦於關閉反饋迴路，所橫跨的不只是生態鴻溝（透過循環農業），還有社會鴻溝（透過兼容式供應鏈）與精神鴻溝（藉由把農場的生態流現耕耘為社會再造的空間）。

金融：從攫取式到生成式資本

金融與金錢的演進是跟二・○和三・○系統目前系統性

的「卡住」互相連結得很深。主流金融體系的移動是從：

- 操作系統一・○，**傳統**以人為中心的銀行模式，到
- 操作系統二・○，以商品為中心的銀行做法，**攫取式資本**（華爾街「六大業者」）則是對外部性盲目，直到現在才看到全世界對事實有所覺醒，這些金融做法是自我毀滅之路，因而搭建了舞台給
- 操作系統三・○，**影響力投資**和對金錢的運用較為負責，也就是對正負面的效應較為覺知。大部分的基金會、影響力投資人和創投慈善家都共有這些構想與目標。儘管如此，他們的案子與計畫卻鮮少去因應系統失敗的根源成因，而把我們帶向了
- 操作系統四・○，**生成式資本**，定義為刻意聚焦於較長期的影響力和把創作、社會與生態公共財加以再生。全食為什麼是賣給亞馬遜？基於同樣的理由，代代淨（Seventh Generation）則是賣給了聯合利華（Unilever）：因為投資人想要看到錢，換句話說就是因為資本擁有者的意圖是聚焦於攫取，而不是發揮對整體的長期影響力。這就把我們帶向了治理。

治理：從競爭到覺知型集體行動（ABC）

在歷史上，一‧○機制是階層與集權；二‧○機制是隨著市場與競爭的崛起而來；三‧○機制所採取的形式則是由有組織的利害關係人團體來協商。

現今最重要卻最少人了解的體制創新所涉及的是，以讓系統感知並看見系統本身，為本來打造四‧○協調機制：覺知型集體行動（Awareness-based Collective Action，ABC），也就是從看見整體來行動。現今我們所看到這種機制的首波案例是在地層次所採用的治理。在許多城市和在地社區裡，利害關係人以協作來重建環境、社會、政治與文化公共財。但付之闕如的是去了解，這樣橫跨分界的協作要怎樣才能蓄積並延伸到較大的系統裡，例如各區、各國和各洲。這就是第五章的原則和做法或許最為息息相關的地方。

四‧○實驗室

二○一七年夏季時，我去造訪了我的成長之處，也就是漢堡附近的家族農場。（順帶一提，它不再只是家族農場了，因為我們把擁有權轉移給了承諾要銜接三大鴻溝的基金會。）我去造訪的目的是要出席歐亞綠色品牌的創辦人與執行長會議。大咖的綠色先驅和創新人士有很多都坐在會議圈

裏。它是令人大開眼界的交談，並教會了我很多有關糧食部門演進的事。

看進圈子裏，我也很清楚的是，這些領導者（和他們的公司）在三‧〇的世界裏是這麼成功，卻無助於他們在湧現中的四‧〇環境裏成功。而且他們全都明白這點。

有鑑於此，我便與團體探討構想。我提議成立全球創新實驗室來針對我剛才描述的所有四個體系：糧食、金融、醫療衛生和學習，把先驅和首屈一指的創新人士齊聚一堂，以聚焦於共同創造跨部門的四‧〇創新實驗室。

在大致的輪廓中，「四‧〇實驗室」將從一地或多地的區域實驗室起步。各區域實驗室將從議題設定工作坊做起，好讓關鍵創新人士與體制夥伴連結，藉以認識彼此，並共同啟動議題和設定各實驗室的區域焦點。自然流現研究院將以方法和工具以及線上到線下的u.lab平台來支援這些實驗室，並藉由我們和《赫芬頓郵報》聯手策畫的新經濟聯合多媒體平台來分享結果。

即使這個構想只是在會議接近尾聲時所提出，圈子裏卻有三、四位創辦人馬上就說「算我一份」（連到底是要算一份什麼都不曉得）。我當然也不例外。但我衷心相信，有許多地方、區域和地區現在比以往都更加需要這幾種跨部門的倡議，因為沒有一個人能獨自創造出四‧〇平台與生態系統。

第七章

追本溯源

　　我的旅程是從農場起步。我在五、六歲的時候，有一天家族的友人來訪。他是在漢堡的州政府工作。他所分享的故事令我瞠目結舌，講的是我全然陌生的世界。還記得我不禁想說，自己可不可能有朝一日就會連結到他在操作時所處的世界。

向東德的蓋世太保致意

　　後來對於外面的世界正在發生的事，我當然就變得非常有興趣，並身體力行成為各種社會運動的活躍分子。在歐洲和平運動的全盛期間，我偶爾會在東西德之間來回旅行，直到一九八四年的某一天，我發現自己上了黑名單為止。我被禁止進入東德了。

　　後來到了一九八九年，柏林圍牆倒了。一九九〇年時，德國政府組成了國安部檔案局（Stasi Records Agency），好讓德國人民來查閱國安部（在東德就相當於蘇聯的國家政治保衛總局〔KGB，格別烏〕）所保有的檔案。我當然就很好奇去找出我的檔案裏寫了什麼。我看到它時，很驚訝他們對我的事知道得這麼少（我們高估了他們的掌握度）。檔案具有非常德國的官僚式結構。每件都包含了一部分是在描述對象和此人的活動。在我的個案裏，他們寫道：「他是在啟發反對運動的領導圈。」我心想，哇。他們把我要花上好幾天

來描述的事濃縮成了一句話！我不會以此來自我標榜，但回頭來看，我就是在某些小片刻很幸運地體現了這句描述中的元素。

不用說，這幾個字同樣能用來描述我現今還在嘗試去做的事。「啟發」是從內心來集結行動；「領導圈」表示集體領導，而不只是一票個人；「運動」則是指覺知型變革，是比光和體制結構搏鬥要深入許多的事。所以，不管是誰在我的國安部檔案裏寫了這句描述，我都要表示感謝。它並沒有改掉我的目的。但它把它變得更清楚了。

一本初衷

在我比較年輕時，有很多人告訴過我：「只要等你變老了，到時候你對於變革的所有構想就會消退，你的優先順序也會轉變。」彷彿我在心裏所感覺到的，就像是小兒科疾病，等我長大了，就應該把它拋到腦後才對。每當我聽到類似的話，我就會聳聳肩，看起來不置可否，但內心卻想說：「才怪！絕不會！這些人在講什麼啊？」

如今對於迫在眉睫的社會變革，我所感覺到的連結度大概就跟以前一樣。這也許是因為我們所身處的歷史時刻，或者也許是因為我的年紀。我的身體正在變老，但奇怪的是，我的能量似乎正在變年輕。感覺起來，彷彿我過去的人生是

為了即將展開的實戰而準備。那場實戰是什麼？我無法說明
白。可是我感覺得到。它關乎我們社群的眼前此刻，我感覺
到當下在許許多多地方所想要發生的事。

「我非做不可」

　　我最重要的老師之一就是和平研究人員約翰・蓋爾敦
（Johan Galtung）。我第一次聽到他講課是一九八三年在柏林
自由大學（Free University of Berlin），當時有如點亮了我心
中的明燈：突然之間，我知道了行動科學可能是長得怎樣。
它是走進場域的科學，要在推進社會變革的戰壕裏來參與。

　　隔年，我便以維藤—赫德克大學的學生身分邀請蓋爾敦
蒞臨學生成果展示會。長話短說，他最終以客座教授的身分
在那裏待了超過十五年。每學期他都會來幾週，並住進「別
墅」的房客，那是我和一位同窗為十多位同學所租下的破敗
老屋。在那座小型的新設大學裏，別墅有很多年在感覺上都
像是學員和老師社群的中心之地。有一天，蓋爾敦和我們系
主任在那裏跟我們吃早飯。以結構暴力理論而著稱的蓋爾敦
所任教的大學遍及了諸多文化。有一位學生轉過頭來問他
說：「約翰，你把一切都達成了，現在還剩什麼事可做？在
人生所剩的歲月裏，你想要創造的是什麼？」他回答說：
「我有個行動全球和平大學的構想。它的學生要行遍世界，

以學習要怎麼把社會視為活的整體，並從不同文化和文明的視野來看它。」

他開始更詳細描述那趟全球學習之旅會是長得怎樣時，我立刻就知道這是我打算要做的事。那天早上，凱特琳和在座的其他人都有同樣的感覺，**我非做不可！**那種深層領悟是巨大能量的源頭。結果蓋爾敦是嘗試在位於美國的巴德學院（Bard College）來創立這樣的全球和平大學專案。但它證明了在組織、融資與管理上太過複雜。雖然是學生，在這樣的事務上缺乏任何的經驗，但我們打從骨子裏知道，自己做得到。而且，後來我們是以破紀錄的時間做到。

我們五個人在短短幾個月內就把它搭在了一起：我們把案子標繪出來，向業界和私人贊助募集到五十萬美元，和十二所夥伴大學及兩百九十位講師簽約，從包括東歐在內的十個不同國家招收到三十五位學生，並募集到獎學金的款項。我們知道，一旦踏上這段旅程，挫敗（有過好幾次）也擋不住我們往那裏前進。後來蓋爾敦把我們的操作方式比擬為搜索摧毀式飛彈：「一旦鎖定目標，你們就不會停手，直到擊中為止，即使目標會移動也一樣。」

雖然我寧可他用不同的類比，但他的話仍是一針見血。每當我感知到那種「鎖定」的感覺，我就知道我們無論如何都會成功。不過，鎖定並不是靠首領來指揮。它是你和核心團體在投入未來的場域時，從你們整體中所湧現而來。

　　不過在有一個方面，這種「鎖定」的經驗還沒有得到太多明確的結果。數十年來，我有個更大的願景是要為社會轉型創立全球覺知型行動研究大學。然而，儘管感知到有可能，把這點化為現實的路徑卻從未現跡。後來到二〇一五年，我就快放棄這個志向或夢想時，意料之外的事發生了。u.lab這個全球慕課MOOC冒了出來。而且突然之間，它就有了眉目：那個數十年之久的意圖有路可通了。

u.lab

　　u.lab對全球社會場域所做的事就跟有機農戶對農田所做的事一樣：耕耘土壤。在u.lab的案例中，我們做這件事的形式是，以線上到線下的學習平台來串聯、連結和輔助一百八十五國的變革推手。它是湧現中全球創新生態的一環，由變革推手來耕耘生成式社會場域，以演進我們的經濟、民主與教育體系。我們u.lab和自然流現研究院則是在支援這些倡議，並聚焦於這四項核心倡議（圖十六）：

- 共同召集創新實驗室來把所有三個部門（企業、政府、公民社會）的關鍵參與者齊聚一堂（如第五章所闡述）
- 首創大規模的建立能力機制來整合頭、心、手的智慧

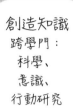

創造知識
跨學門：
科學、
意識、
行動研究

召集創新實驗室
跨部門：
企業、
政府、
公民社會

建立能力
跨智慧：
開放思維、
開放心靈、
開放意志

激發生成式社會場域

文明再造的新敘事

【圖十六】U型學校：醞釀中的全球行動研究大學

（如u.lab所展示）

- **創造知識**，以演進中的人類意識為觀點來串聯行動研究與系統思考（如本書通篇所詳述）
- 透過經濟、民主和文明再造的新敘事來**激發運動**與生成式社會場域（如第五章所闡述）

　　由麻省理工學習中心所衍生而來的自然流現研究院（PI）和它的全球踐行者（practitioners）社群，已成功為上述元素建構出了橫跨部門與系統的原型，包括實驗室、工具和線上到線下的建立能力平台。然而就影響力與規模來說，我們壓根還沒開始達到感知起來有可能並且是現在所需要的程度。

　　從二〇一五年首次慕課（MOOC）以來的旅程使我們大開眼界，因為我們第一次看到，平台和社群非常快就達到了龐大的規模。有五百到六百個自我組織、地方型社群的聚落自動湧現，橫跨了城市、國家和文化，使我們看清迫切需要以更加流動、個人、實用與自我組織的方式來連結人員和目的。

　　我們也看到了較大的機構開始利用u.lab，包括公司、非政府組織，以及蘇格蘭和荷蘭政府。蘇格蘭政府的創新主任霍格解釋了蘇格蘭政府為什麼採用u.lab：

　　「世界變化得很快，我們沒辦法預測未來。我們需要新

的能力來理解是怎麼回事，以及集體的回應可能是怎樣。那種能力是建構意義，而不是分析，因為它所運用的資料範圍和資訊來源比較廣。u.lab 則有助於培養這種能力來理解周遭所發生的事，並感知到未來的可能性，以便對事情有不同的做法。」

在本文撰寫之際，我們正處在獨特的關口，使這項工作可能會非常快就提升、演進和成長到具有顯著的全球影響力。而且我們正在跨出好幾步，建立體制基礎設施，並把準備中的科技平台升級。假如你覺得受到啟發而要參與，自然流現研究院的網站隨時會貼出最新的消息與更新。

為了使社群的全球動力保持不墜，我們正致力於創造媒體和建立運動的混合體，包括每個月的線上現場講習，使較大的社群能連結、分享個案故事、從事小組對話，並利用全球正念時刻來耕耘集體的土壤。

即使本書的故事有很多是繞著我本身的經驗轉，但我認為它們一點都不獨特。事實上，寫這本書的真正原因就在於，我相信它分享的那種故事在各部門、體系、文化和社群當中所受到的體驗比大多數人所了解的要廣泛許多。它們屬於更大形態的覺醒和建構運動，有很多人都感知到並開始切換進去。

四十年前，我家被燒個精光，如今這世界炙手可熱。假如我從爺爺身上和各式各樣的破壞式經驗中學到了任何事，

那就是這點：當破壞發生時，選擇有二：

- 你可以一走了之，就此收手，並往**故步自封**前進：展現偏見、仇恨和恐懼；

  或是

- 你可以開放以對，並轉向**自然流現**：體現好奇心、慈悲和勇氣。

在我的心裏，這兩種回應離不到一吋遠。我們以刻意的舉動來選擇後者，未來所展開的路就會改變。依據共有的覺知來行動，集體旅程的路線就會轉向。對於始終需要我們的未來，種子就蘊含在其中。每一刻都是，當下就是。

身體力行

假如這觸動了你，你可以採取以下三項行動來深化探索、連結和參與這場覺知型的系統變革運動。

一、上www.presencing.org留下基本資料，以便在科學、意識與社會變革的十字路口加入日益增長的人數來協作。

二、報名免費的u.lab 1x，以獲知U型理論的方法與網絡。

三、把下次要登場的現場講習記在行事曆上並加入交
　　談。

www.presencing.org的內容正持續演進和改變。要常來
查看最新的更新，並與朋友和同事分享資源。最重要的是，
要把你在這裏和透過本網站所學到的事帶進本身在地脈絡的
行動裏，並回頭分享你在領導深度變革上學到了什麼。終究
來說，那才是這場運動真正的成長之道。

各界讚譽

「本書提供了新的用語，並教導我們新方法，將正念心理學的見解整合團體的社會學與政經體系的力道；它是不可思議的精采之作。」

——艾德・夏恩（Edgar H. Schein，簡稱 Ed Schein），麻省理工史隆管理學院榮譽教授，《MIT 最打動人心的溝通課》（*Humble Inquiry*，繁體中文版由天下文化出版）、《謙遜諮詢》（暫譯，*Humble Consulting*）作者

「從《U 型理論》首度出版的這十年來，重視承諾的變革領導者在多元的環境中已運用了工具，受觀念所指引，並提升了理論。在解釋這趟大規模的學習之旅和為它注入生命上，奧圖・夏默都表現得很出色。」

——彼得・聖吉（Peter Senge），麻省理工資深講師暨系統變革學院（Academy for Systems Change）共同創辦人

「對於奧圖的轉型工作，我親身體驗過它的深度影響力，包括對我們整個公司、團隊和個別員工。現在對於世界上的系統變革，我們全都能更從容地去參與它的可能性。」
——艾琳·費雪（Eileen Fisher），艾琳費雪公司（Eileen Fisher Inc.）創辦人暨董事長

作者簡介

　　奧圖・夏默（C. Otto Scharmer）是麻省理工學院的資深講師暨自然流現研究院（Presencing Institute）與麻省理工x（MITx）u.lab的共同創辦人。在他的暢銷著作《U型理論》（*Theory U*）和《修練的軌跡》（*Presence*，夏默與彼得・聖吉〔Peter M. Senge〕、約瑟夫・賈渥斯基〔Joseph Jaworski〕和貝蒂蘇・佛勞爾絲〔Betty Sue Flowers〕合著；繁體中文版二〇〇六年由天下文化出版）中，夏默引介了「自然流現」的概念，也就是向湧現中的未來學習。

　　二〇一五年時，他共同創辦了麻省理工x（MITx）的u.lab，以大型的開放式線上課程來帶領深度變革，自此便激發出社會與個人再造的全球生態系統，在一百八十五國有超過十萬個使用者。他和同事推展了創新實驗室，以橫跨文化來改造商業、金融、教育、醫療衛生和政府。

　　奧圖曾獲頒麻省理工傑米森傑出教學獎（Jamieson Prize for Excellence in Teaching）（二〇一五年），以及歐洲李奧納多企業學習獎（European Leonardo Corporate Learning Award）（二〇一六年）。他的願景是要創立全球行動研究大學，以整合科學、意識與社會變革來從事社會轉型。

　　詳情參見：www.ottoscharmer.com。

作者著作包括

《U型理論精要》（*The Essentials of Theory U: Core Principles and Applications*；繁體中文版由經濟新潮社出版）

《U型理論：感知正在生成的未來》（暫譯，*Theory U: Leading from the Future as it Emerges*）

《U型變革：從自我到生態的系統革命》（暫譯，*Leading from the Emerging Future: From Ego-system to Eco-system Economies*）

《第五項修練‧心靈篇》（暫譯，*Presence: Human Purpose and the Field of the Future*）

自然流現研究院簡介

自然流現研究院是在二○○六年由麻省理工的奧圖・夏默和同事所創立，以藉此在科學、精神與社會變革的交叉點打造行動研究的平台。過去二十年來，我們發展了U型理論來當成社會技術，在全世界帶領跨部門的變革倡議，並打造了名為u.lab的風行創新平台（原本是為當成大型的開放式線上課程所設立）。

如今為了致力於耕耘和激發「生成式社會場域」，我們在全世界的實踐者、引導師和行動研究人員所投入的交叉式活動有四：

一、**創新實驗室**（Innovation Labs）：共同召集商界、政府和公民社會的利害關係人，來集體回應當前的破壞式挑戰。

二、**建立能力**（Capacity Building）：串聯頭、心、手的智慧，來培養帶領深度創新與變革的集體能力。

三、**行動研究**（Action Research）：掌握知識及精進U型
　　理論式的社會技術，並發展方法來使社會場域的深
　　層結構為人所見。

四、**建立運動**（Movement Building）：把公眾意識從反
　　應轉向生成，藉由建立免費的教育平台，使民眾能
　　發掘並串聯起經濟、民主和文明再造的新敘事。

自然流現研究院的詳情請參見www.presencing.org。

譯名對照

按：依照首度出現於本書的先後順序排列，頁碼為首次出現的位置

【專有名詞】

【書名、網站名、片名】

【校名、組織名、企業名、政府機關名】

Massachusetts Institute of Technology，MIT　麻省理工學院　26

Hanover Insurance　漢諾瓦保險　28

Presencing Institute，PI　自然流現學院　32

United In Diversity，UID　佳通集團（Giti Group）UID公益基金會　34

Sustainable Food Lab　永續糧食實驗室　35

Synergos Institute　希奈戈研究所　35

Food and Nutrition Lab　糧食與營養實驗室　35

L.A. Education Lab　洛杉磯教育實驗室　35

La Vaca Independiente　獨立母牛　36

GIZ Global Leadership Academy　GIZ全球領導學院　36

Berrett-Koehler Publishers　貝雷特─柯勒出版　37

Sun Microsystems　昇陽電腦　45

Harvard University　哈佛大學　49

MIT Organizational Learning Center　麻省理工學院組織學習中心　49

Waldorf School　華德福學校　62

Apple　蘋果　63

Santa Fe Institute　聖塔菲研究院　63

Palo Alto Research Center　帕羅奧圖研究中心，前身為全錄帕羅奧圖
　　研究中心（Xerox PARC）　63

White Dog Café　白狗咖啡廳　100

Fair Food　公平糧食　101

【人名】

圖表索引

國家圖書館出版品預行編目資料

U型理論精要：從「我」到「我們」的系統思考，
個人修練、組織轉型的學習之旅／奧圖·夏默
（C. Otto Scharmer）著；戴至中譯. -- 初版. --
臺北市：經濟新潮社出版：家庭傳媒城邦分公
司發行, 2019.03
　　面；　公分. --（經營管理；154）
　　譯自：The Essentials of Theory U: Core Principles
and Applications
　　ISBN 978-986-97086-3-0（平裝）

　　1.社會變遷　2.組織變遷

541.4　　　　　　　　　　　　　　　107021370